Gregorio Peralta

Hans Steiner

Gregorio Peralta

Hans Steiner

Relatos sin interés

JustFiction Edition

Imprint

Cover image: www.ingimage.com

Publisher:
JustFiction! Edition
is a trademark of
International Book Market Service Ltd., member of OmniScriptum Publishing Group
17 Meldrum Street, Beau Bassin 71504, Mauritius
Printed at: see last page
ISBN: 978-620-0-49106-0

VIVIR

Hans vivía entonces en el semisótano de la casa. Una dependencia amplia, con espacio suficiente para albergar su ropa o, al menos una gran parte de ella. Cuánta ropa se había dejado en el camino, en cada una de sus crisis y rupturas sentimentales? Ni idea. A quién le importaba?

Había espacio también para sus libros. Cuántos libros se habían quedado atrás en las mismas circunstancias? Le daba igual. Solamente sentía cierta nostalgia por aquellos que no había leído y que, en el caso más probable, ya nunca leería porque la Literatura se le había atragantado hacía tiempo y, desde luego, de momento, no tenía güevos para volver a ella.

Había también espacio holgado para su piano Yamaha, aquél enemigo al que también había sacado de su vida hacía algún tiempo y al que tampoco era previsible que volviese, pese a lo cual lo llevaba consigo en cada una de sus innumerables mudanzas. Estaba ya harto de las humillaciones al que durante muchos años lo había sometido aquella máquina infernal de madera, con unas tripas cuyo funcionamiento el afinador le había intentado explicar en más de una ocasión, compuestas de cables, de tensores, de misteriosos resortes y de unos putos macillos percutores, todo lo cual permitía- a quien supiese- manejarse con 88 teclas (unas blancas y otras negras) y con un registro de siete octavas y una tercera.

Por lo demás, aquél habitáculo disponía de un tragaluz que coadyuvaba a ventilar la habitación con una puerta de madera noble y recia que daba acceso a la rampa del garaje que se había suprimido para crear aquella interesante gruta que en gran medida era el mundo de Hans.

Una cama, un ordenador, sus maquetas, un cuarto de baño en condiciones y una escalera para acceder a la vivienda propiamente dicha y que Hans utilizaba para subir a comer y cenar y para trincar del frigorífico las latas de cerveza Voll-Damm que le ayudaban a hacer más placentera la lucha infernal que mantenía contra la Wehrmacht en aquella guerra despiadada que, por culpa de Call of Duty, venía sosteniendo desde hacía más tiempo del recomendable.

Eran las doce de la noche o poco más. Hans estaba ya en la cama y fue entonces cuando la madre del menor de sus hijos, desde la escalera interior y alzando la voz le dijo: "Acaba de llamar Isabel; que Carlos está ya agonizando."

Ya? tan pronto? Joder! Se dijo.

Una vez más, Carlos había acertado. "Me quedan dos telediarios", le había confesado pocos días antes mientras fumaban en el rellano de la escalera de la segunda planta del Hospital Provincial.

Carlos casi siempre acertaba en todo. En la interpretación del "Poema" de Fibich, en "Letter from home" de Pat Metheny, en la música de "Los Secretos"…. siempre sin partitura porque no tenía ni puta idea de solfeo ni el más mínimo interés en conocerlo. Todo de oído.

Carlos localizaba el satélite que le permitía descifrar las claves de Canal + , que se cambiaban cada dos semanas y que él detectaba para que su hija menor pudiese ver por la cara los canales infantiles.

Carlos era capaz de explicar de forma muy convincente la forma en que un avión entraba en pérdida, dependiendo de que fuese un Boeing, un Airbus o una puta avioneta, de su altura y de la forma en la que el piloto actuase ante la avería de un motor, de un fallo en el sistema hidráulico o de váyase a saber qué cosa.

Los médicos no habían sabido (o no habían querido) decirle cuando su enfermedad terminal terminaría con él, pero a Carlos no le había supuesto mayor dificultad buscar en internet y sumar dos y dos.

Hans se levantó, se dio una ducha rápida; se subió al coche y se dirigió apresuradamente al hospital.

Habría mentido si dijese que se sentía especialmente consternado. La muerte de Carlos estaba ya anunciada con absoluta certeza y este era un hecho para el que el sentido común le decía que tenía que estar ya preparado. Cuando la muerte se anuncia, lo menos que se puede pedir es que se vayan haciendo los deberes; tanto el llamado a morir como los allegados.

Entró en el hospital, prácticamente a oscuras, si no fuese por aquellas siniestras luces de neón que servían para orientarte en busca del ascensor en evitación de que te pegases una ostia. No había nadie en la planta baja.

Pulsó el botón del ascensor y subió.

(Continuará)

VIVIR (2)

Al salir del ascensor, Hans se dio de bruces de nuevo con el triste espectáculo de la luminaria.

Parecía que aquella gente del SAS se hubiese incorporado precipitadamente a la tecnología de aquél siglo XXI, inventando algo parecido a las bombillas LED, esas que son capaces de helarte el alma con una luz triste y blanca aunque de bajo consumo. Aquella gente del SAS, para acabar de joder a Hans, había economizado en el voltaje de la puta luminaria, quizás con el propósito de convencer a no se sabía quién de que la Junta restringía el gasto en todo lo que resultaba posible.

Casi todo era deprimente. El murmullo de alguno de los presentes, el silencio de los demás y la puta luz blanca y tenue, que te dejaba en penumbra mientras te iba poniendo en situación para ir al tanatorio a la mañana siguiente .

Era deprimente casi todo. Pero había un punto en el que casi todos nos sentíamos reconfortados. Carlos iba a morir en un rato, una putada sin duda, pero nosotros no.

El contrapunto en aquella agonía lo ponía el sobrino de Carlos. Sentado con su novia al fondo de aquella amplia sala, a cierta distancia del resto de los concurrentes, abrió un tupper y comenzó a devorar una tortilla de patatas con la mayor indiferencia.

No había llegado aún el momento de los chistes; tampoco era apropiado preguntar cómo había quedado el Villarreal, ni debatir sobre quién iba a ganar la Liga.

Carlos seguía agonizando y eso había que respetarlo. Ya mañana, en el funeral, habría tiempo.

Hans le echó güevos y sin saber por qué (en los años inmediatamente siguientes se lo siguió preguntando), entró en la habitación en la que Carlos se moría a chorros con la sola compañía de sus padres.

Por qué entró en aquella habitación?

Qué pintaba allí Hans?

Acaso no le había dado ya todo a Carlos? Qué más podía darle en aquellos precisos momentos?

No era lo más apropiado limitarse a hacer de figurante como el sobrino de la tortilla de patatas aunque fuese sin tortilla de patatas?

No habría sido aún mejor quedarse en la cama y pasar de todo cuando la madre de su hijo Antonio le dijo lo del agonizamiento de Carlos?

En la habitación estaban los padres, solo ellos, descompuestos y atentos a los estertores de su hijo.

Entró Hans porque era una buena persona y lo había perdonado? Entró porque era un hijoputa y quería ver cómo se moría?

Y el beso en la frente?

No sería tal vez una mera cuestión de narcisismo de Hans?

Por qué se comía el tarro con todo aquello?

Decidió que lo mejor que podía hacer era marcharse. Aquel cuerpo inerte conectado a unos cables y a unas máquinas ya no era Carlos. A Carlos se le podía considerar ya como inexistente .Se había extinguido o, en el peor de los casos, se extinguiría en minutos, tan pronto como el respirador dejase de respirar por él o alguna de aquellas pantallas indicase que ya no merecía la pena registrar actividad cerebral alguna.

Salió a la calle; le dio un vistazo al reloj para confirmar que ya habían pasado las cinco de la madrugada, miró al cielo, negro como el sobaco de un grillo, se levantó la solapa de la chaqueta y aspiró el aire perfumado por la humedad de los chubascos del día.

Mientras buscaba su coche se acordó de su anciano y también extinto amigo, aquél notario sabio y con ciertas dosis de mala leche, al que a Hans le gustaba designar como el búho cabrón. En aquella mañana de radiante primavera en la que ambos volvían de un funeral, el búho le dijo: Hans, te das cuenta de lo hermoso que es estar vivo? Nada que Hans no supiese. Los funerales no eran sino una celebración de la vida.

Tan pronto como llegó a casa se fue a la cama. Después se levantaría para continuar su lucha contra la indestructible Werhmacht. No iría a aquél funeral a celebrar que seguía vivo. Así, de paso, le daría una alegría a aquellos mamones que se sentirían escandalizados porque a Hans no se le había visto en aquel acto social en el que se pasearía en una caja a su ya inexistente amigo Carlos.

BOGOTÁ

La había conocido por el medio cutre de las redes sociales. Le había escrito en varias ocasiones pero nada.

Finalmente, un día, ella le contesto: "Saludos, colega"

Él entendió que aceptaba hablarle. Y hablaron durante semanas, aunque lo hacían a distinto ritmo. Ella mucho más pausada. Quería cerciorarse de quien era el tío ese que decía ser también abogado, que afirmaba que se sentía muy solo y que se comunicaba con ella, al otro lado de su ordenador.

Hans, la verdad sea dicha, no era tan paciente. Le había pedido que hablasen por Skype y ella le mintió diciéndole que no tenía eso. La comprendió. La buscó en Facebook y pudo confirmar lo hermosa que era.

Entonces, Hans le escribió y le dijo: estaré allí, en el hotel ese, a media tarde de pasado mañana.

-Pero estás loco?

Voy a ir.

Previamente había hecho la reserva en el hotel. Y cuánto dice que es el precio de la habitación por noche? Un millón setecientos cincuenta mil. Ya. Y en euros? En euros, 250,00. Vale. Así, sí. Chévere, contestó la operadora.

Recorrió aquellos 8.500 Kms. para verla y otros tanto para volver.

17.000 kms de ida y vuelta, con escala en Frankfurt a la ida y en París a la vuelta? Sí, por qué no?

Se vieron en un bar en el distrito financiero de Bogotá, escoltados por decenas de militares con ametralladoras, fusiles de asalto y perros muy perspicaces.

Muy pocos días después, él aterrizó en Barajas. Había olvidado en casa el Lexatin de 1,5 y temblaba y sudaba como un heroinómano en abstinencia. Su maleta había sido abierta tras romper el plástico que la envolvía. Después de que los inspectores de policía registrasen su equipaje, la ropa, le inspeccionasen a él, le llevasen a hacerle una radiografía de su estómago y de sus intestinos, le dejaron pedir un taxi para dirigirse a Atocha.

Chévere. Vuelvo a casa.

(N. B.: Les llevamos la cruz de Cristo. Eso no es lo relevante. Lo que jode es que se creyeron toda aquella basura).

EL CABO NORTE

Descendió de la chalupa, puso pié en tierra y se despidió del tripulante de la embarcación.

Ante la mirada desconcertada de aquellos dos pescadores de Magerøya que preparaban los aparejos de pesca que utilizaban para pescar, comenzó su ascenso al acantilado que culminaba 300 metros más arriba.

Así pues, he llegado; ya estoy aquí, cago´n dios.

Aspiró el aire gélido llevándose a los pulmones el soplo de aquél viento polar.

Nevaba apenas y contempló el horizonte del Ártico, en aquél lugar en el que se unían los confines del mar de Noruega y el mar de Barents mientras, allá abajo, las olas golpeaban las rocas con muy mala leche.

Y ahora? Ahora qué, se preguntó. Pues ahora es el momento de regresar; para eso he venido, no? Para regresar, se respondió. Ahora voy a volver. Ahora me voy a marchar de aquí y voy a desandar lo andado. Ahora voy a emprender el camino de vuelta. Ahora voy a volver a casa, a mi hogar.

Su hogar? Qué coño era eso de su hogar?

Se llevó la mochila a la espalda y se dijo: Es el momento de volver con el perro Bruno. Al perro Bruno le gusta que sea yo quien le da el desayuno.

(Extraído y glosado del cuaderno de expediciones del viajero Hans Steiner; Noruega, 03/24/1879)

BAVIERA

A eso de las 7:00 de la tarde volvieron al hotel. La noche estaba cerrada y caían algunos copos de nieve. Salvo el comentario de él mira, está nevando y la respuesta de ella sí no se dijeron una palabra.

Llegaron al hotel, pidieron la llave de la habitación, subieron y encendió la televisión. Buscó entre los canales para encontrar alguno en castellano.

Ella salió del baño, se dejó caer también en su cama y tampoco se dijeron una puta palabra hasta que él preguntó qué pido para cenar.

Cenaron mientras él cambiaba de un canal a otro, apagaron la luz y se dieron las buenas noches.

A la mañana siguiente, más de lo mismo.

Recogieron el coche de alquiler y enfilaron la carretera. Nevaba copiosamente. Está nevando un güevo, dijo él. Sí, respondió ella. Vaya, sí que está nevando mucho.

La carretera ascendía entre bosques blancos de robles y arces.

Ya en el museo, a la salida, él decidió comprar dos cajitas de música. Una de ellas era un pequeño piano de cola que se accionaba al abrir la tapa e interpretaba un pasaje de “La Flauta Mágica”. La otra era una cajita con forma de cajita que se activaba con un resorte situado en su parte inferior y que interpretaba no recordaba qué cosa.

Pero tú estás loco? No te consiento que te gastes ese dineral en esas chuminás. El dependiente los miraba desconcertado sin decidirse a pasar por la máquina la tarjeta de crédito.

Tomaron el funicular que los llevaba a la fortaleza a cuyo pie se situaba la ciudad.

No se dijeron una mierda en la visita a aquél palacio fortificado ni tampoco a la vuelta.

Salieron de la ciudad y se adentraron en el valle de Innsbruck.

Ves las casas a la izquierda? Son bonitas, verdad? Sí, una maravilla; son preciosas.

En medio de aquél temporal de nieve, ya de noche, se detuvieron en la frontera. Aparcaron al otro lado de la autovía y él se jugó la vida para cruzar y alcanzar la oficina de aduanas, presentar la factura de las cajitas de música y recuperar el IVA.

A la vuelta se perdió. No encontraba el coche y la nieve, cayendo de costado, agitada por el viento, no le permitía ver una mierda. Un tráiler con las luces intermitentemente largas y haciendo sonar el claxon estuvo a punto de acabar con él. Notó cómo el estómago se le encogía y se acojonó. Algo habría hecho para que todos aquellos hijoputas se hubiesen propuesto matarlo, pensó, mientras sorteaba tanto vehículo en medio de aquella niebla pastosa.

Llegaron a Córdoba muy de madrugada. En los tres meses siguientes, todo siguió igual. Por las noches, él se ponía un whisky con cocacola y cogía un libro.

Un día, le dijo me voy. Cómo que te vas? Sí, me voy. Me alejo de ti. Hazme una maleta, por favor. Vale, tú sabrás.

Y entonces se marchó . Llamó pidiendo un taxi y le dijo al taxista a la plaza de la Magdalena, nº 1, por favor.

Llegó completamente desarbolado, después de despedirse de sus hijos. Ahora no entendéis que me vaya pero ya veréis como todo va bien….

https://www.youtube.com/watch?v=9muzyOd4Lh8&feature=share

EL CATEDRÁTICO

A comienzos del año 1.990, Mike Tyson, contra todo pronóstico, en el décimo asalto, había perdido aquél combate de boxeo disputado en Tokyo contra un tal Buster Douglas.

El hecho le importaba una mierda a casi todo el mundo, excepción hecha de aquellas decenas de millones de personas interesadas en la prensa deportiva y en aquél combate histórico en particular.

Tyson había manifestado al término del pugilato que no solo había sido perdido el combate sino que además había perdido su propiedad en España. Esto último no era cierto en realidad, aunque resultaba ser una noticia relevante para la prensa amarillista. Su apartamento, recién adquirido en las proximidades de Marbella, al igual que otros ciento cuarenta apartamentos o así; al igual que un campo de golf o que el hotel Golf Stakis y que algunas otras propiedades situadas al otro lado de la N-IV, Madrid- Cádiz , habían sido tan solo objeto de una anotación preventiva de la demanda deducida por el magnate Alan James y ocho de sus sociedades contra la filial en España de Wimpey Homes Holding, Ltd., aquella poderosa compañía anglosajona que formaba parte del consorcio que se ocupó de construir un túnel bajo el canal de la Mancha y a la que la prensa, por puro morbo, puso en el punto de mira por los negocios emprendidos tras su incursión en la Costa del Sol, después de las declaraciones de tan mediático boxeador .

En una de las salas de juntas de la Firma, ahora con 1.400 metros, distribuidos en dos plantas en el Paseo de la Castellana, se habían reunido cuatro de los abogados del despacho, junto a Isaac Marrache y su hermano Salomón, de la firma Marrache & Co. llegados aquella misma mañana de Gibraltar, de su despacho judío en aquél edificio judío de varios siglos de antigüedad en Cannon Street y sede de algo más de 5.000

sociedades off-shore, diseñadas para ponérselo difícil a la Agencia Tributaria.

También habían acudido el gerente de Wimpey en España, Hugh Maloney, aquél elegante hombre escocés de Edimburgo, junto al jefe de los servicios jurídicos en la oficina central de Hammersmith en Londres, el genial Robin Tyler y, además de ellos, con la boina en la mano, aquellos dos individuos llegados de Andalucía, no se sabía ni cómo ni cuándo ni por qué.

Steiner, el letrado Hans Steiner, mientras se hacían las presentaciones se había esforzado en hacerse una composición de aquello a lo que se enfrentaba.

Tres de los cuatro abogados de la Firma habían obtenido algún máster en alguna Universidad americana y hablaban un inglés más que aceptable. Nada que temer, por tanto. Aquellos tíos no tenían ni puta idea de D° Procesal ni de D° Civil ni de nada de nada de lo que se fuese a hablar allí. Su único mérito era que sabían hablar en inglés. Habían acudido a aquella reunión para hacer timing y para impresionar a los representantes de Wimpey con sus conocimientos de la lengua inglesa, haciéndoles ver que en aquél macrodespacho se hablaba inglés. Los abogados judíos de Gibraltar probablemente tan solo conocían cómo vender Winston americano de contrabando, la cultura del pelotazo y cómo cobrar un 10% del precio fijado en un contrato de compraventa redactado por sus secretarias.

Hugh Maloney , bilingüe, tan solo escuchaba y tomaba nota mentalmente de cuanto allí se decía.

Robin Tyler, jefe de la asesoría jurídica de Wimpey en Londres, miraba las cortinas, encendía su pipa o piropeaba en inglés a las secretarias que le servían té.

El colega de Hans, aquél catedrático sevillano, ejerció dignamente su labor de sevillano. No se enteraba del asunto que allí se debatía, entre otras cosas porque no sabía una palabra de inglés, ni de Derecho Civil, ni de Procesal ni de nada. Conocía de memoria, tan solo el temario de aquella oposición que había preparado en Bolonia aunque parecía que no se había enterado una mierda de lo que había memorizado. Contaba chistes sevillanos que alguien debía traducir al inglés, los cuales perdían mucho en la traducción por más que el traductor se esforzase en imitar los gestos y muecas de aquél payaso. En aquella reunión sobraban casi todos.

Hans se habría bastado con Luis Bazán, aquél Abogado del Estado en excedencia sin máster en ninguna Universidad americana y con un serio conocimiento del Derecho; con Robin Tyler, curtido en mil batallas legales y de una singular inteligencia que el whisky no conseguía nublar ni tan siquiera en las discotecas de Marbella cuando se ponía en disposición de que le rompiesen las gafas a eso de las dos o tres de la madrugada.

Y con Hugh Maloney, el gerente, encargado de discernir en aquél guirigay, avezado en lidiar con subcontratas y con gente del más diverso pelaje en Kenia y algún que otro país del entorno.

A la vuelta de los años, Hans reflexionaba sobre qué había sido de todos los personajes que, de una u otra forma, habían intervenido en aquél asunto legal que se prolongó por espacio de más de seis años.

Luis Bazán, un día, había salido del garaje del despacho a eso de la medianoche y se había estrellado contra unos contenedores de basura y unas vallas metálicas de la Castellana mientras lo mataba un infarto de miocardio. Hans se había quedado solo frente a Alan James.

Robin Tyler, había caído muerto en el huerto de su casa, a las afueras de Londres, mientras cultivaba boniatos.

Isaac Marrache había protagonizado el mayor escándalo financiero que se recordaba en Gibraltar; Una malversación de 34 millones de libras esterlinas que lo había llevado a la cárcel a él y a más de uno de sus hermanos por un período de once años.

Alan James se marchó a Queensland, en Australia y, sencillamente, rememorando mejores tiempos, desapareció.

De Hugh Maloney no se volvió a saber. Probablemente, tras su jubilación, volvió a Escocia, su tierra natal y allí debió alcanzar mejor vida.

Y de Hans? Qué fue de Hans Steiner? Poca cosa. Hans adquirió conciencia de que ya no iba a dar mucho más de sí. En su estupidez, ya había dado de sí mucho más de lo que cualquiera podía dar y ya no tenía ganas de darle una mierda a nadie.

Sacó el lápiz y la libreta para apuntar también a aquél catedrático en la lista de los amigos en cuya tumba debía mearse.

Aquél catedrático desleal que también se meaba en la lealtad hacia sus amigos. Aquél catedrático, alcohólico, ignorante e hijo de puta.

EL HERMANO IGNACIO

Alias "El Mono", el Hermano Ignacio era como el Yeti; algo así como un orangután peludo, corpulento y gigante. Debido a su altura, cuando se le hablaba había que mirar hacia arriba y él te miraba hacia abajo. Con su sotana negra y sus gafas de culo de vaso que denotaban que su miopía no bajaba de las 15 dioptrías, imponía no ya respeto sino auténtico pavor.

No se sabía si por decisión del Centro o por voluntad propia, aunque todos sospechaban que se trataba de lo segundo, se ocupaba de mantener el orden en el colegio y para ello, si era preciso, se valía de la guardia pretoriana que eran sus alumnos de 4º de Bachiller.

Cuando los de 2º estaban en el patio rojo armando jaleo antes de entrar a la clase de Química con el hermano Timoteo, alias el Vampiro, todos sudados después de volver a la carrera desde el solar situado en el barrio de Santa Rosa en el que el Parra impartía la clase de gimnasia, a más de dos kilómetros del colegio (los mismos kilómetros que corrían para acudir a aquél solar), si vulneraban el código de silencio, digo, el hermano Ignacio aparecía con sus labios recogidos sobre sí mismos, con una mirada terrorífica, de cristal de 15 aumentos, sin ojos visibles y con la que quería decir ahora os vais a cagar. Aparecía, todo de negro y de furia, descendiendo por las elegantes y vistosas escaleras barrocas, de mármol negro, con embutidos rojos, reconstrucción del siglo XVII, que terminaban en aquél pasillo distribuidor, con la capilla en un extremo y el acceso al patio blanco en el otro.

Para escapar de él, salían del patio rojo a toda velocidad y giraban a la derecha tomando el tramo del pasillo que conducía al patio blanco desde el que intentaban huir del Mono través de aquellas escaleras angostas que llevaban a la parte trasera de la primera planta de aquél edificio con tres siglos de antigüedad y con muros de casi medio metro de grosor.

En la mayoría de las ocasiones la escapada resultaba fallida porque el Hermano Ignacio había dispuesto que su guardia pretoriana de 4º de Bachiller les esperase al final de aquellas escaleras cerrándoles el paso. Entonces llegaba él por retaguardia dando ostias a diestro y siniestro.

A su guardia pretoriana también la puteaba. Al terminar las clases de la tarde, a las 6, sus alumnos de 4º de bachiller permanecían en el aula durante dos horas más porque había que preparar la Reválida de 4º para que el Colegio Cervantes quedase el primero de entre todos los colegios de Córdoba y provincia. Y lo conseguía. El Mono conseguía que Cervantes quedase en el número uno de entre todos los colegios de la provincia.

Y era precisamente al llegar a 4º de Bachiller cuando verdaderamente aprendías lo que vale un peine. Ya en clase de Matemáticas, el hermano Ignacio ojeaba la lista de los alumnos mientras los alumnos lo ojeaban a él y entonces decía: Barrios Blasco. Barrios Blasco subía a la tarima y él le planteaba un problema de derivadas. Barrios Blasco intentaba resolverlo sin puta idea de lo que era una derivada. Son quince, decía Barrios Blasco. Eres bobo? Y cuánto es quince por quince, preguntaba el Hermano Ignacio. Pues son….son…210? preguntaba Barrios Blasco. Sí, eres bobo, respondía el Mono, situado a 30 centímetros de Barrios Blasco, con el codo izquierdo apoyado en la pizarra, mientras le daba una guantá con la mano derecha. Tienes un cero en la puntuación de la quincena.

Según los cálculos que Hans había hecho, el 90% de los alumnos subía acojonado a la tarima y casi el 10% se meaba, literalmente, cuando lo llamaba el Hermano Ignacio para subir a ella. Primero veían la mancha de orina sobre la madera y después, cuando se daba la vuelta, veían sus pantalones mojados. Entonces, todos, en silencio, se descojonaban de risa para mayor humillación del meón.

El caso es que cuando pasaban a 5º de Bachiller, el Mono ya no les pegaba. Habían superado 4º y Reválida y parecía que eso le llevaba a concederles cierto respeto. Al llegar a 5º el Hermano Ignacio se limitaba a recriminarles cuando lo consideraba procedente y si a su juicio resultaba adecuado al caso los puteaba un poco pero sin que hubiese ostias de por medio.

Era a partir de 5º de Bachiller cuando todos sus alumnos comenzaban a querer al Hermano Ignacio. Lo querían porque empezaban a adquirir conciencia de sus motivaciones para aquél maltrato, con independencia del hecho de que, en sus buenos propósitos, se pasase tres pueblos y de que pudiera haber un punto de sadismo en la cosa esa de pegarles. Era algo así como el síndrome que te lleva a querer a tu maltratador.

En los últimos años de su vida, dispensado ya de su labor docente en contra de su voluntad, a eso de media mañana, el Hermano Ignacio aparecía en el Boulevard y se sentaba siempre en el mismo banco, justo enfrente de Cajasur y lo hacía para no hacer absolutamente nada, salvo mirar a la gente que pasaba por allí.

Hermano Ignacio, soy Steiner, le dijo. Se acuerda usted de mí? Claro que me acuerdo de los Steiner. Erais cuatro, no? Sí. Yo soy el mayor, Hans. Ah, Hans. Ahora me acuerdo. Estuve a punto de suspenderte por el desorden caótico con el que resolviste los cuatro problemas del examen de Junio. Sí. Tiene usted razón. Lo siento.

A todos les decía lo mismo. Quiero pedirte perdón. Lo hice de la mejor forma que sabía hacerlo. Quería haceros hombres. Quería prepararos para el futuro. Ahora sé que eso no se debe hacer en la forma en que lo hice. Ahora sé que no debí pegaros, decía, mientras Hans observaba que los ojos del Hermano Ignacio apenas eran capaces de contener las lágrimas. Sabrás perdonarme? Claro que sí, Hermano. A nosotros nos hacía gracias que nos pegase un poco; sobre todo, si las ostias se las daba a otro. El Hermano Ignacio intentaba sonreír mientras lo miraba consternado.

Bueno, Hermano. Tengo que irme. Que me alegro mucho de verle, dijo Hans. Y mientras continuaba andando, camino de la Delegación de Hacienda, notaba cómo se le hacía un nudo en la garganta.

EXTRANJEROS

RELATO ABSURDO. RELATO SIN RAZÓN DE SER

La mayoría de ellos tenía rostros reconocibles para Hans. Todos aquellos ojos, todas aquellas facciones, todas las orejas, todas las bocas, la nariz y todas las combinaciones anatómicas las veía día tras día. En todos y en cualquier sitio. Eran extranjeros (forasteros, los llamaba Rafael).

Como todo el mundo, a lo largo de su vida, Hans se había visto con una inmensidad de forasteros. Todos tenían mucho en común: cuando los ves, te das cuenta de que todos sus rostros eran previsibles y lógicos. Pero necesitaba verlos para identificarlos. Cómo es que no había imaginado nunca en su mente aquellos rostros desconocidos, tan previsibles, tan de intuir?

Cómo es que Hans, antes de verlos físicamente, no había caído en la cuenta de que aquellos extranjeros, de facciones tan lógicas y reconocibles, estaban allí, con aquellos rostros tan razonables? Cómo es que ni tan siquiera los había sospechado?

-Bueno, Hans, en realidad, si bien te fijas, todos somos peculiares; todos somos distintos, los unos de los otros.

Vete por ahí, respondía Hans. Sé perfectamente como son los caretos de la gente de Córdoba, de El Carpio o de Rute. No son caras de prever. Son caras de ser sabidas. Me refería a la gente que no es de aquí. Me refería a la gente que es extranjera de verdad. No consigo entender cómo es que yo, en mi mente, no intuía sus rostros, más que probables, antes de verlos, tan previsibles, rostros que debería haber identificado; que debería haber sabido, tan de sentido común, tan creíbles. Los ves, los miras y te dices: claro! Cómo es que no imaginé ese careto? He tenido que verlo para conocerlo? Se decía Hans. Hasta ahí llega mi corta imaginación? Se reprochaba Hans.

-No es una empresa fácil, Hans. Cómo podrías prever, antes de verlo, el rostro de un chino o el de un japonés?

Vale, eres un lameculos, pero ahí no te falta razón. Esa gente bajita aparece así, con esos ojillos. Esos rostros son de gente que va de otro rollo. Pero están aquí, en Córdoba, por ejemplo, muy cerca de ti y de mí.

-Y se quedarán por mucho tiempo?

No se van a ir, amigo. Unos se van pero otros vienen; todos con los mismos caretos; todos son lo mismo; unos venden cosas y otros hacen fotografías y colas interminables, pero todos son lo mismo. Y, además, para colmo, estos, los nipones son muy correctos por lo que no te puedes enfadar con ellos, aunque son muy asustadizos; siempre van en rebaño y no son tan amables como los negros de los semáforos.

-Y los chinos? Los chinos son amables?

Pero eres tonto, o qué? Los chinos no son amables ni desamables; desconfían de todos, se limitan a vender durante casi todo el día, y luego duermen un rato. No dan para más.

-Y es por eso que Donald Trump dice que los chinos están jodiendo a Occidente, Hans?

Y yo qué coño sé?

-Pero Hans, todo eso es bueno, no? La aldea global, verdad?

Sí, es la aldea global.

- Y si nos vamos a Fueirola, Hans? Allí verás los rostros de siempre, Hans.

Los rostros de siempre? A mí me irritan los rostros de siempre.

- Y si te quedas en tu casa, bajas las persianas, generas esa oscuridad que tanto te gusta, pones el aire acondicionado a toda leche y enciendes ese millón de lamparitas, te duermes con la televisión (Ray Donovan, por ejemplo) y dejas de dar por culo?

Pues mira, eso sí.

-Vale.

https://youtu.be/TmdG2U2c0NQ

LOS OJOS DE BRUNO

Lo más curioso de Bruno era la profundidad de sus ojos negros y su capacidad para traspasar con ellos a Hans. Desde el primer día, Hans había entendido que al comprar aquél perro se había complicado la vida pero, en su inconsciencia, no quiso reparar en ello.

Bruno era mucho más que un perro. Bruno se había convertido en una parte de Hans. Bruno sabía escrutar los sentimientos de Hans. A Bruno no había que darle explicaciones. Aquél perro, en esencia, pronto llegó a saber todo lo esencial sobre él. Bruno era capaz de escrutar en su mente, aunque a él no le decía ni una palabra. Por supuesto, Bruno sabía cuando Hans estaba deprimido. Sabía cuando Hans estaba en condiciones de sacarlo a la calle, a la caída de la tarde, y cuándo no.

Con las primeras luces de la mañana, Bruno regresaba de su primer paseo del día con el hombre inexplicable y si veía a Hans derrumbado, decidido a permanecer mañana, tarde y noche en la cama, sin hacer absolutamente nada, Bruno sabía ya con certeza que había de renunciar a su segunda salida, la de la última hora de la tarde, que el hombre inexplicable delegaba por sistema en Hans. Por la tarde te toca a ti, decía el hombre inexplicable. Sí, Rafael, lo haré. Pero en tales ocasiones no era cierto que lo fuese a llevar de paseo.

En aquellos casos, cuando ya comenzaba a oscurecer, Bruno ni se meaba ni se cagaba; se recostaba en alguno de los cojines que Hans dejaba desperdigados en la cama, próximos a él; se colocaba muy cerca, a una distancia desde la que Hans podía percibir su aliento. Bruno lo observaba desde la inmensa profundidad de aquellos ojos tan negros. Hans le devolvía la mirada e intentaba averiguar por qué Bruno lo miraba así, qué cojones había detrás de aquella penetrante mirada y qué pretendía averiguar Bruno.

Quizás le estaba diciendo con la mirada que quería salir al jardín que había enfrente de casa, su lugar de paseo. Desde luego algo había pero Hans no era capaz de detectarlo. O prefería no hacerlo.

Sonó el portero eléctrico y Hans, después de mirar la pantalla, abrió la puerta del portal y al propio tiempo la del apartamento y sin esperar a recibirla volvió al dormitorio.

La oyó avanzar por el pasillo dirigiéndose hacia él; dejó el lado izquierdo de la cama situándose en el derecho para darle espacio.

Mientras ella se quitaba los zapatos, abría la puerta del armario para sacar un pantalón de pijama y recostarse para ver la tele con Hans, Bruno saltó a la cama y se meó a todo lo largo del costado izquierdo. Hans maldijo a Bruno y cambiaron las sábanas.

Como castigo y para que no siguiese puteando a su amiga, encerró a Bruno en la cocina. Apenas transcurridos diez minutos, el perro comenzó a aullar como un lobo herido, mientras entretanto arañaba la puerta.

En la tele, en el canal de Historia, daban documentales sobre la huída de Egipto de aquél pueblo canalla; de cómo se abrió el Mar Rojo para que lo atravesasen aquellos usureros; sobre la multiplicación de los panes y los peces; sobre la resurrección de un muerto; sobre cómo el tío aquél caminaba sobre las aguas o sobre alguna otra gilipollez bíblica. Qué estás viendo? Pues un documental sobre la resurrección de un muerto, un tal Lázaro. Lázaro Carreter? No, otro Lázaro. Antes han puesto otro muy gracioso, le dijo. Iba sobre la cólera divina cuando Moisés golpeó una roca por dos veces, en vez de golpear tan solo una o hablarle a la roca como le había ordenado Yahvé o Jehová o como coño se llamase el tío ese, Hans no recordaba si fue por una causa o por la otra. Como castigo por su desobediencia, Yahvé o Jehová o como coño se llamase el tío ese, le había dicho al judío Moisés pues ahora te vas a joder porque no vivirás para conocer la tierra prometida. Después de cuarenta años vagando por el desierto conduciendo a tu pueblo me vas a hacer la putada esa?, Yahvé o Jehová o como coño te llames? Ten presente que cuando lleguemos a la tierra prometida tendremos que matar palestinos y yo habré de ser el comandante en jefe de nuestras tropas. Te jodes, le había replicado la voz celestial.

Están guays los documentales estos, había comentado Hans. Sí, respondió ella. Parecen interesantes. Guardó unos minutos de silencio simulando que le interesaba el relato del muerto resucitado.

Y de repente, ella comenzó a hablar de amor.

Hans hizo como que no la había oído, pretendiendo estar absorto en el asunto de la resurrección del muerto resucitado.

Intuyó que ella iba a insistir en el tema. Espera, dijo, vuelvo enseguida, voy a sacar a Bruno de la cocina; ya ha cumplido con su castigo.

Al salir de su encierro, Bruno recorrió el pasillo al trote, como un torbellino, y se subió a la cama.

Ella siguió con ellos aún por espacio de treinta minutos. Qué guapo es Bruno, comentó. Sí que lo es.

Bueno, me tengo que ir, arguyó.

Se vistió y se marchó.

Después, con el hocico reposando sobre aquél cojín, Bruno volvió a dirigirse a él con la mirada y, en esta ocasión, Hans sí supo entenderlo. Al fin solos, le había dicho el perro Bruno.

EL HUNDIMIENTO

Ya no podía establecer un rumbo. Ya no podía determinar una derrota de navegación. La embarcación se había vuelto ingobernable. Se hundía. Y se hundía sin remedio. Su embarcación se iría al fondo del mar. Y él, desprovisto de cualquier medio de salvamento, se hundiría también con ella.

Se habían escorado a estribor. Con la quilla y el pantoque destrozados, las varengas y las cuadernas dañadas y la sentina inundada, el agua entraba a raudales por la carena. Desamurada, sin control, la embarcación se iba al fondo.

Su situación era una putada porque, sin instrumentos de navegación, con tan solo una brújula, calculó que, sin embargo, se encontraba apenas a cinco millas al sureste del puerto. Seguro que ella seguía estando allí, tan pesá, tan vestida de blanco para él, esperándolo todos los días, durante todo aquél muchísimo tiempo. En el puerto se decía que aquella mujer vestida de blanco era un poco jartible, todos los días preguntando por él por aquí y por allá.

El temporal no dejaba de zarandear la nave. Era cierto que no iba a llegar a puerto? Parecía que no; parecía que antes del puerto e interponiéndose entre este y aquella pequeña embarcación se encontraba el desastre. Entonces, no iba a poder besarla, aferrarse a su cintura, y oler su perfume de mujer, ese, el de las feromonas? No, aparentemente no.

Entonces se dio cuenta de que la necesitaba, por mucho que fuese un coñazo; que estuviese algo pirá, con el vestido blanco ese, tan ansiosa de él, tan aburrible.

Y su embarcación, él, y todo lo demás, se hundieron. Y todo fue devorado por el mar. Y solo subsistieron la esperanza y los sueños de ella, tan vestida de blanco, tan pesá, tan jartible….

https://youtu.be/P-vm1lw2dk0

MENORCA

A Hans no le gustaba la muerte. A nadie le gusta la muerte, en realidad. Tampoco le gustaba ver muertos. Por lo general, a casi nadie le gusta ver a gente muerta.

Hacía casi cuarenta años, había bajado al sótano de Reina Sofía obligado a identificar el cuerpo de su padre, defuncionado en aquél hospital tras veintiún días anclado en la Unidad de Vigilancia Intensiva (U.V. I.), que después se nombró como Unidad de Cuidados Intensivos (U.C.I), denominación esta segunda que le parecía más humana porque una
cosa es vigilar cómo la gente se jode y otra, más humana, es cuidar de que se jodan lo menos posible mientras se intenta hacer algo por ellos.

Sea como fuere, aquella fue la primera y única vez que vio un cadáver. A Hans no le gustaban los cadáveres. No le gustaban, como a casi nadie, excepción hecha de la gente pobre, de los palestinos y de los gitanos. No acababa de entender qué de bueno había en eso de ver a tu abuela muerta, comida por la podredumbre de su edad o a tu mujer o a tu tío devorados por un cáncer y maquillados para simular que no había sucedido nada relevante porque, en realidad, no se marchaban sino que seguían aquí, con nosotros, en el recuerdo o en el espiritismo.

Hans tenía decidido que vería cuantos menos cadáveres mejor o, por mejor decir, que no vería voluntariamente a ninguno, excusándose de ese trance con el argumento de que no le salía del nabo ver muertos.

El año 2005 había sido particularmente aciago. Primero fue su amigo Víctor que se fue de este mundo con el diagnóstico de una enfermedad que, por designios de la genética y por línea paterna, mataba a los varones fumadores de la familia y que, por la misma razón, acabó con la vida de su hermano Nacho, algunos meses después.

Entre la muerte del uno y del otro, se produjo la de su segundo suegro de quien, pese a todo, se debía decir que no era mala gente, y después la de su madre. Habían llamado a su despacho. Su secretaria, con los ojos anegados en lágrimas, le había dicho Hans te tienes que ir al Reina Sofía. Hans le dijo al cliente al que atendía lo siento. Como ve, me tengo que ir al Reina Sofía.

No derramó ni una lágrima. Era como si aquello no fuese con él. A su madre le habían dado dos semanas de vida y ese día se cumplían las dos semanas. Cuál era entonces el problema? Ella no sabía que le quedaban dos semanas antes de morir pero, aún así, se atuvo al diagnóstico y se murió sin más.

Al llegar al tanatorio, Hans dio instrucciones para que se le cubriese el rostro con un velo. Si él se privaba de la indecencia de ver el cadáver de su madre, por qué habían de verlo los demás?

Era el mes de Julio. No se podía bajar la guardia. Había que trabajar. Cómo lo llevas, le preguntaban. El qué. Ah, lo de mi madre? Bien. A ver, pásame los papeles.

En Agosto se fueron a Menorca.

Hans comenzaba a beber a eso de las doce del mediodía y seguía haciéndolo durante todo el día. Por la noche, cuando todos se iban a la cama, se marchaba a aquella cala con una botella de whisky. Por la mañana, al despertarse, machacado por aquellas rocas y con resaca, miraba aquél mar azul, claro y brillante, con tonalidades de color turquesa y volvía a llorar.

Hans no sabía por qué lloraba. No relacionaba su llanto con ningún sentimiento. Por su madre, se podría decir. Pero él no estaba seguro de que esa fuese la verdadera razón de sus lágrimas.

DUBAI

Una vez más tomó un vuelo y se marchó. Todos los meses se marchaba. En ocasiones, hasta dos o incluso tres veces en el mismo mes. Amberes, Venecia, Hong Kong, Las Vegas, Paris......daba igual. Lo importante para ella era irse a sufrir en algún lugar del mundo con el vano propósito de huir de sí misma y con la cuestionable excusa de que el negocio le exigía el inevitable sufrimiento. Mientras sufría, sin embargo, la sensación era placentera. No solo por la satisfacción de sufrir sino, además, porque el género se estaba vendiendo como rosquillas.

El 90% de las empresas del sector se hundían pero la cuenta de resultados de la suya registraba un incremento en las ventas superior al 7%.

Pese a ello, una mierda de incremento, creía ella.

En su opinión, tan insólito incremento no era aceptable; había que mejorarlo considerablemente y no valía la excusa de que el negocio afrontaba las dificultades derivadas de una crisis económica que se venía padeciendo desde hacía años. Ese escaso incremento en la facturación debía tener una explicación ajena a circunstancias externas. Alguien en la empresa estaba haciendo algo mal. Tal vez, con un poco de suerte, descubriría que el fallo estaba en ella misma. Nada más conveniente para mortificarse que concluir que era incapaz de obtener unos beneficios (antes de impuestos, que todo hay que decirlo), que superasen la cifra de 450.000 euros.

En aquella ocasión se encontraba en Dubái. Afortunadamente, no era aún verano y la temperatura en la calle no subía de 38º grados centígrados.

Dos noches antes habían hablado. Él la había preparado convenientemente para aquélla conversación, que no se diferenciaría en nada de las que sobre ese concreto particular y sobre todos los demás concretos particulares en general, habían venido manteniendo esporádicamente en los últimos dieciséis o dieciocho años.

Él sabía cómo prepararla. Él sabía cómo hacerle entrar en el tema. Él sabía exactamente cómo hacerlo.

La música, fuera; descartada. Ella odiaba la música. La música le ponía de muy mala leche y por ello la música no debía entrar en el programa terapéutico que para noches como aquélla él diseñaba.

Prácticamente abstemia, pese a ello y como fuese, había que llevarla al gin-tonic tras media hora de diálogo terapéutico en el que él tenía que desplegar todo su arte dialéctico, como si estuviese informando ante un Tribunal después de elevar a definitivas sus conclusiones en aquél asunto judicial en el que su cliente se lo jugaba todo.

Así pues, por ese camino, habría de conducirla al llanto sanador; ese llanto tan necesario y reconfortante; ese llanto que la llevaba no solo a la propia aceptación sino que también habría de proporcionarle un poco de amor hacia sí.

Entonces buscaba el momento en el que ella, a las preguntas de Hans sobre qué estás haciendo con tu vida, eres consciente de que hace años que cumpliste los cincuenta años? De verdad necesitas machacarte así, sin darte un respiro? no te das cuenta? para qué necesitas tanto viaje y tanta venta?, recuerdas que después de siete años viajando a Basilea, una vez, cuando fui a recogerte y por primera vez saliste de aquél recinto ferial donde vendías aquellas cosas atravesamos aquél puente sobre un río que se llamaba Rhein, me dijiste mira este es el Rhein y te hube de decir que, efectivamente era el Rin y te quedaste boquiabierta. El río Rhein es el Rin? anda, qué cosas; quién lo hubiera dicho. Cómo podías ir a ese sitio todos los años y marcharte sin puta idea de en qué sitio habías estado? de que aquél río Rhein era el Rin?.

Para qué tanto viaje si todos los viajes te llevaban a un sitio tan pobre como a alguna feria de esas donde te colocabas en tu lujoso stand desde primeras horas de la mañana y sin tan siquiera comer (un café americano de máquina, pero que sea de sobre, por favor; con sacarina) permanecías todo el día vendiendo esas cosas hasta que, entrada la noche, tomabas un taxi que te conducía al hotel donde mordisqueabas unos cacahuetes y te metías en la cama para levantarte al día siguiente y seguir disfrutando de un poco más de lo mismo.

De qué te servía aquél titánico esfuerzo? Solo para decirte que estabas haciendo un titánico esfuerzo vendiendo aquella cosa, la cosa que venías vendiendo desde hacía tantísimos años? Necesitabas verdaderamente vender aquella cosa? Y tu vida? Qué estabas haciendo con ella? No te vendrían mejor el francés y el inglés para viajar, ir adonde no tuvieses que vender aquella cosa en francés o en inglés y disfrutar del paisaje? O sin francés ni inglés ni paisajes y, desde luego, sin vender cosas, quedarte en tu casa rascándotelo?

Cuando era evidente que estaba a punto de lágrima, él le decía que volvía en un momento. Entonces le traía un segundo gin-tonic y le retiraba el anterior. Ya se ha calentado; el hielo se ha derretido.

Entonces, ella daba algún sorbo y comenzaba a llorar. Lloraba de forma tal que él tenía que cerrar la puerta del salón para que no despertase a los niños.

Tienes razón, vida mía.

Lo de vida mía, para cualquier observador imparcial, en aquél preciso momento, habría sonado muy tierno si no fuese porque el observador desconocía que, sin necesidad de gin-tonic, ella sabía decir vida mía a media noche pero que a las 8:30 de la mañana, se cagaría en sus muertos sin que él supiese exactamente por qué.

Pero en la madrugada de la noche del segundo gin-tonic, mientras repetía eso de tienes razón, vida mía, añadía por qué no nos vamos a Paris y partimos de cero? Por qué no nos vamos a Londres y partimos de cero? Qué tal Zuheros para partir de cero?

Pero qué hago yo en alguno de esos sitios con un despacho de abogados, a mis años, sin clientes, hablando un inglés apenas aceptable o hablando el francés que me enseñó Don Mateo en los Maristas o sin puta idea del zuherense?

A la mañana siguiente, él le ayudó a bajar las maletas mientras el taxi esperaba. El taxi la llevaría a la estación para coger el AVE que la dejaría en Atocha donde cogería un taxi que la llevaría a una terminal de Barajas, salidas internacionales, desde donde tomaría un avión que la aterrizaría en algún lugar del mundo donde se subiría a otro taxi que la conduciría a un hotel desde el que a la mañana siguiente se montaría en otro taxi que la depositaría en un sitio en el que, con toda probabilidad, vendería, muy bien vendida, aquella puta cosa para después coger un taxi más que la llevaría al hotel desde el que a la mañana siguiente llamaría a otro taxi que la devolvería al aeropuerto y así sucesivamente.

Él, sin embargo y sin ánimo de ser presuntuoso, manejaba sus sentimientos mucho mejor. Se encerraba en una habitación y nadie tenía que traerle gin-tonic; ya se las valía por sí mismo para beber whisky.

De un tiempo a esta parte venía trabajándose en el oído y en el corazón el Barroco. No tenía ni puta idea del Barroco. Tan solo sabía que cuando sonaba Bach le sobraba todo; le sobraba ella; le sobraban los demás y, como por arte de magia, toda la basura que lo envolvía, empezando por la suya propia, sencillamente desaparecía.

LA DESCONCERTANTE HISTORIA DE HANS STEINER.

Capítulo I

Hans Steiner era un hombre cobarde, aunque él no lo sabía. De hecho, las personas que le conocían tampoco le tenían en tal concepto. Se decía a sí mismo que era un soñador, un espíritu libre que siempre marcaba distancias con respecto a los demás y rehuía por ello cualquier comportamiento que pudiera ser calificado de gregario, ocupándose muy mucho de que los otros supiesen de su rechazo a toda forma de pensar o actuar que mereciera la consideración de tribal.

La familia constituía para él un mero accidente de la naturaleza; los lazos de sangre eran precisamente eso, ataduras de las que con la mayor facilidad conseguía desasirse; todas las ideologías resultaban intrínsecamente perversas y falsas. Se habían inventado para aniquilar las ideas y de entre aquellas, las religiones eran en particular el refugio para los temerosos, los cobardes y los hipócritas. Por lo demás, los curas, los rabinos, los imanes y el resto de la fauna religiosa se componía de mentirosos, casposos y muy a menudo pederastas. Los políticos eran unos payasos, por lo general ignorantes, lameculos y ladrones. Las abanderadas del feminismo eran gordas con bigote o anoréxicas con psoriasis o tenían cara de vascas y los vegetarianos una partida de capullos que se morirían sin colesterol pero también sin haber disfrutado nunca de un buen polvo. Toda esta caterva de mamones se adscribía a ideologías y se integraba en fraternidades aunque, por lo dicho, entre ellos no fue posible encontrar nunca a Hans Steiner.

Hans era con toda evidencia un individuo algo arrogante, aunque con una fundada base para ello. Siendo niño alguien debió decirle que era muy inteligente y después no dejaron de repetírselo. Si no fuera porque también era muy vanidoso, la verdad es que le habría traído al pairo la opinión de los demás. Hans se bastaba y sobraba para percibir por sí mismo que era alguien que se diferenciaba del común de los mortales. No era narcisismo, se decía, sino la mera constatación de un hecho que solo le acontecía a él y, tal vez, a un puñado de afortunados de entre los que por cierto seguía esperando que alguno se diese a conocer.

A Hans Steiner le gustaba la provocación. La consideraba un medio idóneo para demostrar no se sabía exactamente qué cosa y la practicaba de tal forma que frecuentemente se ponía a riesgo de que le partiesen la cara. Como un torero valiente ante las astas de un morlaco, se plantaba impávido frente al primer desconocido y perplejo interlocutor que se le pusiera al paso para soltarle bien una fresca o una "*boutade*" o bien para hacer o decir algo que moviese a su público a hilaridad o a sentir vergüenza ajena aunque él se decantaba sin duda por el deseo de generar ambas sensaciones.

Porque nuestro amigo Steiner necesitaba público y en su opinión, sin lugar a dudas, el público lo necesitaba a él. Aunque como digo no se conocían con certeza las razones de su errático y extravagante proceder, todo apunta a que el mismo obedecía a una amalgama de razones entre las cuales no era la menos importante su deseo de comunicación.

Básicamente le gustaba comunicar a los demás que se encontraba por encima de todos; que cuando ellos iban, hacía tiempo que él había vuelto; que las convenciones sociales eran cadenas que aprisionaban a los mediocres, es decir, a todos los que no eran Hans Steiner. Necesitaba también comunicarles que pasaba de todo y que no debían olvidar que estaba dotado del ingenio y del sofisticado sentido del humor que son atributo tan solo de las mentes preclaras. No eran pocas las ocasiones en las que, además, a modo de contrapunto, sazonaba su mensaje con un aroma a dolor en el alma, a heridas nunca cicatrizadas y ya de imposible cura, a conciencia serena de que la vida en el fondo es una mierda y de que no somos sino chalupas en mitad del océano a merced de los vientos, las mareas y las corrientes, condenados indefectiblemente a naufragar y escollarnos contra la muerte. Perfumar el ambiente con tal aroma le ponía cachondo. En particular, lo de la chalupa desbaratada lo repetía mucho. Quizás demasiado. No sabía si tal metáfora, que a Hans le sonaba a quintaesencia del lirismo, era producto de su innegable facilidad para la prosa o si, por el contrario, la había oído o leído en algún sitio. Sea como fuere, a él le sonaba cojonudamente bien y confiaba en la ignorancia de su interlocutor para que pasase desapercibido el plagio, si tal era el caso.

En honor a la verdad, también debe decirse aquí para un más cabal conocimiento por parte del lector de la arrolladora y compleja personalidad de Hans que su exquisita singularidad, así como la de su alma tan frecuentemente turbada por los pensamientos y aflicciones de quien se encuentra condenado a permanecer solo en la cumbre, le llevaron a vivir experiencias dolorosas y a menudo desgarradoras que no eran fácilmente alcanzables para el resto de los mortales. No sería exacto decir que el bueno de Hans en alguna de tales ocasiones se había encontrado al borde del abismo. Lo rigurosamente cierto es que más de una vez se había precipitado por él, cayendo a plomo hasta estrellarse no muy lejos del mismísimo infierno. No se sabe exactamente cómo pero la verdad es que, tras superar etapas de diagnosis y pronóstico reservados y con algo más que magulladuras, mal que bien había conseguido salir adelante.

Obviamente era imposible que, cada vez que ocurría, pasase desapercibido el hecho de que Hans se había vuelto a pegar una ostia. Entonces entraban en juego los comentarios más diversos: a Hans, víctima de la envidia, se le ha inflingido mucho daño... ese gilipollas se merece lo que le ha pasado... Hans ha tenido muy mala suerte, un espíritu tan sensible como el suyo no puede soportar ciertas cosas....a Hans le pueden ir dando por culo, después de esta ya no vuelve a levantar cabeza....es una pena, con lo inteligente y bueno que es, bueno?.... bueno ese hijoputa?

En cualquier caso, Hans creía salir fortalecido tras recuperarse después de cada descalabro y se admiraba de sí mismo por su coraje. En su justificada egolatría se veía como una especie de leyenda urbana con patas, capaz de suscitar opiniones de un signo o de otro, pero nunca jamás la indiferencia. Se decía a sí mismo que, después de vivir tantas y tan duras experiencias, no iba a asustarse con facilidad. Es verdad que, como he dicho, se encontraba algo solo pero ¿a quién podía necesitar Hans? Cuando recibía alguna visita en su casa, no era infrecuente que al cabo de un rato sus formas pretendidamente educadas, dejasen entrever una mal disimulada impaciencia por volver a estar solo, disfrutando de la gratificante compañía de sí mismo. Si por el contrario el invitado era él, sencillamente no acudía a casa de su amable anfitrión, dejándole plantado y pretextando después excusas cuya credibilidad resultaba cuestionable.

Y el amor? Qué era el amor para Hans Steiner? La pura verdad es que Hans, pese a su destacada inteligencia, nunca tuvo muy claro en qué consistía eso del amor. Siempre se armaba un lío con tan etéreo y escurridizo concepto. Ante el hecho acreditado de que cuanto más sabes más preguntas te haces y cuantas más respuestas obtienes más dudas te surgen, Hans lo tenía crudo. Perfecto entendedor de los impulsos y sentimientos que palpitan incluso en las más ocultas cavernas del alma, durante años realizó el ímprobo esfuerzo de buscar la conciliación entre tal saber y el no menos vasto, del que también era poseedor, respecto a la bioquímica, los neurotransmisores, la dopamina y los mecanismos cerebrales para la recaptación de la serotonina. Aunque lo suyo eran las letras como sus resultados escolares en las asignaturas de ciencias pusieron de manifiesto, su profunda capacidad para la reflexión le permitió entender por si mismo aquello que, sin embargo, en el colegio, los curas habían sido incapaces de enseñarle. A todo ello se sumaba su innata intuición en lo concerniente a la antropología, de forma que fue así como eventualmente comenzó a atisbar la luz al final del túnel hasta comprender la generosa aportación que la ciencia también realizaba al cabal conocimiento de lo que entendemos por amor, materia con la que a fuer de sinceros hemos de convenir que los poetas llevaban dando morcilla desde hacía demasiados siglos.

Consciente de que el tiempo apremiaba por lo efímero de la existencia humana y derrotado en su concienzudo esfuerzo por hacer del pimiento y del tomate una unidad , Hans Steiner se decantó finalmente por la explicación científica sobre el hecho amoroso, explicación que, como es sabido, tiene como objetivo primordial el poner en solfa a los cursis que creen ver en el amor el sentimiento emanado del corazón del hombre y no del instinto, y que, al entender de estos, es la sublimación de las capacidades del ser más perfecto de la creación; o sea, ellos.

Se hace preciso reconocer no obstante que en alguna ocasión a Hans le asaltó la idea de que tal vez su opción no resultaba enteramente objetiva. Pensó que pudiera ser el caso de que el descartar la explicación poética obedeciera a la falta de riles para enfrentarse al oscuro pero seductor enigma que, falto de toda base científica, aquellas nenazas proponían. Descartó sin más tal pensamiento por absurdo y cuando cada tantos años volvía a rondarle por la cabeza lo despachaba con la mayor displicencia.

Lo que Hans tenía muy claro es que tanto abonándose a una tesis como adscribiéndose a la otra, al tío que había tenido la idea de calificar a la relación carnal con los términos "hacer el amor" había que buscarlo, aunque fuese debajo de las piedras, para después colgarlo de los güevos por tener una mente tan sucia y asustar a los niños.

Y de repente, en una deprimente tarde de verano, ocurrió.

Mientras en la calle el inclemente sol machacaba un día más el asfalto y las cortinas de su despacho apenas se valían para frenar al color amarillo-triste que luchaba por infiltrarse, entró ella, acompañada por su hermana y por su desolada tristeza.

(Continuará?)

EL VIAJE

Condujo hasta la calle Teruel y aparcó frente a la casa de sus hijos. Después de armarse un lío con la llave del portal, la del piso y la de la cerradura de seguridad, finalmente consiguió entrar y se dirigió a la cocina. Abrió la puerta y encontró a Atila durmiendo plácidamente. Sordo, medio ciego y casi sin olfato, aún así el perro lo reconoció y le hizo las fiestas de siempre.

Cumplió una vez más con la tradición y abrió el frigorífico junto al cual el perro ya se había apostado; sacó una tripa de pavo y cortó cuatro lonchas que Atila devoró con avidez.

Cuando salieron a la calle hubo de admitir que el día no estaba mal después de todo. Brillaba el sol, una putada, pero, por lo menos, a una hora tan temprana aún no hacía calor.

El perro Hátilas Smith, tal y como le había adelantado su hija, tenía diarrea. Mientras caminaban, cada dos por tres se detenía y dejaba un pequeño reguero de mierda en el solar al que habían cruzado, junto al campo de fútbol aledaño al instituto que había enfrente de casa.

En un principio no sabía hacia dónde dirigirse. Le había prometido a la gata que daría un largo paseo con el perro, algo que Adelaida le había dicho que les vendría bien a ambos. A Hátilas, porque necesitaba desfogar y, además, como compensación porque pasaría el fin de semana solo, encerrado en la cocina, a excepción de los breves paseos que daría con Hans cuando se acercara a recogerlo. A él, porque de la analítica que finalmente le habían hecho resultó, como no podía ser de otra forma, que tenía el colesterol alto.

No cabía esperar otra cosa. Casi cuatro años sin moverse apenas del sofá, del sillón de su despacho o de la cama en la que permanecía largas horas viendo la televisión, todo ello sumado a un litro diario de helado, no podían salirle gratis.

Finalmente se le ocurrió una idea que le pareció brillante. Se dirigirían a casa de Raquel, rondarían la entrada, le mandaría un mensaje diciéndole que estaba allí y esperaría acontecimientos.

Acontecimientos? Qué acontecimientos, pensó? De qué estaba hablando? No acababa de aprender de la experiencia? Sabía con plena certeza que no pasaría absolutamente nada. No habría ningún acontecimiento. Raquel no respondería al mensaje. Nunca lo hacía.

Llegaron a la calle donde vivía Raquel. Las Brisas II se llamaba el edificio. Cómo había podido olvidar el nombre de aquél lugar?

Buscó un sitio donde sentarse discretamente y desde el que poder observar las ventanas y la terraza de la vivienda de Raquel pero no lo encontró. Mientras, Atila no dejaba de moverse de un lado a otro y de olisquear el suelo y los árboles.

Le envió el sms diciéndole que estaba allí y pocos minutos después creyó ver que la cortina del salón había sido entreabierta para inmediatamente después darse cuenta que tan solo era un reflejo de luz conjugado con un destello de su estúpida ingenuidad. Las ventanas estaban cerradas, el salón a oscuras y Hans pensó que tal vez había metido la pata; quizás Raquel había hecho el turno de noche y podía ser que la hubiese despertado con su estéril mensaje.

(Censurado)

Por qué no se había dado la vuelta aquella misma noche en la que mientras esperaba en Barajas la salida de su vuelo y mantenía una tórrida conversación con Raquel caía en la cuenta de que cometía un grave error al abandonarla cuando no había ningún motivo para ello y él no deseaba marcharse?

Qué haría él en Canadá librando su interminable y absurda batalla contra el inglés mientras ella, como primeriza madre divorciada, sufría tontamente la ausencia de Claudia, de vacaciones con su padre? No debería haber estado allí Hans para enjugarle las lágrimas y hacerle ver que lloraba por una gilipollez?

Qué pretendía encontrar al otro lado del mundo que pudiera proporcionarle una satisfacción que siquiera se aproximara a una caricia a Raquel?

Qué tenía que envidiar la cama de Raquel a los bosques de la Columbia Británica los que, por cierto, ni tan siquiera llegó a conocer y malditas las ganas que tenía de hacerlo?

Cómo pudo tener la desvergüenza de mandar correos que sugerían que se había montado un rollo con Sook-yung? Cómo podría pretender después que Raquel le creyese si le decía que no había llegado ni tan siquiera a rozarse con su landlady?

¿Y a cuento de qué venía, a sus cincuenta y tantos años, el patético juego de enviar fotos tomadas a las camareras del puerto de Vancouver? A quién pretendía impresionar?

(Censurado también)

Atila se quedó por fin quieto, una vez que había meado todo lo que tenía que mear y había olido todo lo que tenía que oler. Era evidente que ya se había hartado de estar allí y que querría marcharse.

Emprendieron el regreso a casa y Hans se volvió a acordar del mensaje que había enviado a Raquel desde el hotel de Cazorla al que, haciendo de tripas corazón, había vuelto el último invierno, cuatro años después de aquel fin de semana en el que durante dos días contemplaron desde la cama la fina e incesante lluvia cayendo sobre los pinos y los madroños de la colina que se divisaba desde su habitación.....

(Censurado pañén)

Hans volvió a aferrarse a la idea de que las piezas no encajaban. Miró a Hátilas y se preguntó si el pobre perro se sentiría satisfecho de la vida que había tenido. Entonces se dijo que en el caso más probable él sí disponía aún de tiempo y se alegró planeando cómo planearía una nueva incursión al territorio de Raquel. Tal vez un día de estos iría a rondar la Cruz Roja. Mandaría a Raquel otro sms diciéndole que estaba allí y se mantendría próximo a la puerta del hospital, tal vez junto a la estatua de Séneca. Desde allí, una vez más, esperaría acontecimientos.

EL HOMBRE INEXPLICABLE

Rosario, la mater familias, venía observando desde hacía algún tiempo que aquél hombre se detenía todos los días ante la cancela que daba al jardín de la piscina y a la ermita.

Su atención se centraba en las rosas, los jazmines y las demás plantas plantadas al pie del muro de la casa opuesto a la cancela.

Finalmente, un día Rosario salió al jardín y le preguntó quiere usted pasar?

Rafael, que así se llamaba aquél hombre, entró y dijo es que me he dado cuenta de que a las buganvillas les sobra riego y que los rosales hay que podarlos. Es usted jardinero, verdad? No, me gustan las plantas pero yo trabajo en la Letro.

Que se recordase, en los años siguientes no volvió a entrar en aquella casa un jardinero, un electricista, un fontanero, un albañil ni nadie que pudiese suplir a Rafael ni él, ya con las llaves de la casa en su mano, habría consentido que ninguno de esos mataos fuese a suplirlo para sacarle el dinero a aquella familia haciendo una chapuza cuando él podía arreglárselas solo y hacerlo mejor.

Se convirtió además en cuidador de la piscina, en chófer de Rosario, en proveedor de leña, en recadero, en encalador, en guardés y fiscalizador de los guardeses de las fincas y en jefe del servicio doméstico aunque en el ejercicio de estas dos últimas labores la familia hubo de afrontar no pocas contrariedades por causa de su desmedido celo en hacer las cosas como dios manda y de exigir a los demás que estuviesen a la altura.

No se le ocurrió jamás pedirle a Rosario una retribución por un trabajo que a él le colmaba de felicidad aunque, justo es decirlo, la generosidad de ella satisfacía con creces cualquier aspiración material que él pudiese albergar si no fuese porque en realidad no albergaba ninguna.

Con todo, mantuvo su empleo en la Letro en los años siguientes, compatibilizándolo con su dedicación a aquella casa y su veneración a Rosario hasta que, maldita fuese la hora, dejó la Letro para ayudar a uno de los hijos de Rosario, el más malvado de entre todos ellos, a levantar de la nada aquél macro negocio de joyería, años después de que Rosario hubiese fallecido.

Por razones que no vienen al caso, en aquél verano de 1993, Hans se había apalancado en aquella casa.

Poco antes de la caída de la tarde solía sentarse en una hamaca que colocaba en el porche de la sala de estar de verano que daba al jardín, y entonces activaba una vez más el reproductor de CD´s, siempre con un libro en sus manos.

Fue entonces cuando Hans comenzó a apreciar los conciertos para piano y orquesta de Mozart, las sinfonías de Beethoven y el whisky. Una combinación perfecta que Hans consideraba imprescindible para mitigar un dolor prescindible y del que gustosamente habría prescindido si no fuese porque no podía arrancarlo de sus entrañas.

El caso es que era también poco antes de la caída de la tarde cuando aparecía aquél individuo que regaba el jardín, limpiaba la piscina, arrancaba las hojas secas y después pasaba junto al Hans apoltronado para acceder a las dependencias de la casa.

Según deseaba entender Hans, aquél misterioso individuo que emitía aquél sonido gutural al pasar a su lado, a disgusto le estaba dando las buenas tardes si bien con una mirada de recelo que tampoco, en lo más mínimo, se esforzaba en disimular.

Después de regañar a quien fuera y con la excusa que fuese para no salirse del guión, cuando la luz declinaba definitivamente y el sol cedía el relevo a la noche, aquél sujeto encendía la lámpara del mueble sobre el que se hallaba situada aquella espléndida foto de Rosario, sonriente, tomada en un invierno cualquiera, con un yorkshire en sus brazos.

Era entonces, todos los días, cuando al terminar la faena, el individuo ese, con el cuenco de sus manos, con extrema delicadeza y al pie de aquella fotografía, depositaba unos jazmines. Luego se marchaba, con un gruñido de despedida o sin tan siquiera despedirse. Cuidadito con dejar la llave puesta, que luego tengo yo que venir a las tantas de la madrugá.

Quién es ese tío? Preguntó Hans al segundo o tercer día, una vez que había llegado a la conclusión de que debía tratarse de alguien que no era precisamente un empleado de la casa. Es Rafael, le dijeron.

Apenas veinte años después, con ocasión de su última y definitiva separación de aquella familia, Hans se marchó sin mirar atrás. Pero sí percibió a su lado el reconfortante aliento de Rafael. No se le perdonó a Rafael aquél desaire pero Hans supo entonces que de nuevo él se pondría de pie; que todavía, una vez más, era posible levantarse y seguir adelante.

POZOBLANCO

Enfiló la carretera que desde Córdoba, sin solución de continuidad, se internaba en las estribaciones de Sierra Morena para inmediatamente después, ya sin estribaciones, entrar en el corazón de la Sierra esa.

El depósito de combustible estaba por debajo de un cuarto de su capacidad. Un fastidio porque tendría que detenerse a repostar aunque, bien mirado, tenía gasoil suficiente como para llegar y ya a la vuelta se detendría en la primera estación de servicio que encontrase a la salida del pueblo.

Era jueves y, como venía ocurriendo en los últimos seis o siete años, se había escaqueado del trabajo. El encanto de la tarde del viernes, comienzo del fin de semana, Hans lo había adelantado una vez más a la tarde del jueves. Se decía a sí mismo que ya se había machacado y puteado lo suficiente durante unos cuantos quinquenios como para negarse tal licencia.

Aunque, en realidad, aquello no era exactamente así. Ahora no podía entender cómo fue posible, pero la pura verdad es que hubo una época en la que a Hans le gustaba ir al despacho los fines de semana. Durante más de veinte años trabajó de lunes a domingo y casi nunca por imperiosa necesidad. Le gustaba pasar los fines de semana en el despacho, donde casi siempre se encontraba con alguno o varios de sus colegas con quienes solía hacer unas risas, mientras redactaba un escrito judicial o una carta o consultaba tediosamente el Aranzadi de Jurisprudencia. La alternativa entonces era quedarse en casa leyendo o aporreando el piano, éste último un fracaso vital a sumar a otros cuantos. Aunque a la vuelta de los años no recordaba por qué, lo cierto es que por entonces le gustaba mucho leer en casa, pero también le ponía un poco lo de machacar el piano porque así, de paso, se vengaba de su mujer quien desde hacía algunos años lo venía despreciando, siempre en silencio, en un crescendo que parecía no tener fin. Hans no acababa de entenderla. Él era un tío interesante, carismático e inteligente. Podía entender la envidia que siempre había suscitado en los demás, pero el desprecio? Cómo se podía despreciar a Hans, objeto de adoración incluso por sus más acérrimos enemigos? Verdaderamente la mujer era un ser misterioso. Unas con unas chuminás, otras con otras pero, en definitiva, todas ellas un poco incomprensibles por absurdas.

A Hans le gustaba filosofar mientras conducía. Cuando era más joven había hecho algunos viajes recorriendo miles de kilómetros en coche, viajes en los que, por lo general, se acababan resintiendo los gemelos de su pierna derecha.

Sin embargo, en aquellos viajes interminables, mayor que el agotamiento de sus gemelos era el de su atormentada mente con tanto pensamiento filosófico y tanta leche.

Mientras avanzaba por la Sierra para encontrarse con su destino, Hans filosofaba diciéndose que lo verdaderamente bueno de las mujeres, por encima de sus otras cualidades, era que te podías acostar con ellas si te dejaban.

Era en la brillantez de tales conclusiones, simples de entender pero cuya elaboración requería en ocasiones de un trabajo intelectual no tan simple sino que tiraba más bien a lo arduo; era en esa brillantez, se decía Hans, donde radicaba su singularidad. Esa singularidad que marcaba la diferencia.

Apenas veinte kilómetros para llegar. La suerte estaba echada. En un cuarto de hora sabría si el fin de semana comenzaría con buen pie o si, vistos los antecedentes del caso de autos (cuatro años de antecedentes), volvería descalabrado. No obstante, para este segundo caso, Hans disponía de un plan B. Regresaría a Córdoba y Bruno lo saludaría agitando el rabo y levantaría sus patas delanteras apoyándolas en su rodilla. Se sentaría en el sofá con el pobre animal y mientras lo acariciaba, le explicaría, con el pormenor que fuese preciso, lo injusta que estaba siendo la vida con él…..

EL COÑO DEPILADO.

Desde hacía un rato el trasiego de la gente en la feria había venido declinando. Lentamente, aquello se terminaba. Resultaba incuestionable que la tendencia era bajista. Por esa noche, ya no era factible reanimar el ferial de ninguna de las maneras. Todos se marchaban a casa.

La gente había comenzado a marcharse porque ya no eran horas.

El tío-vivo giraba ya sin niños. Apenas quedaban cuatro gatos en la pérgola que, con ocasión de la feria del pueblo, el Ayuntamiento había instalado junto a la carretera que muchos kilómetros más adelante desembocaba en la Costa del Sol. Apenas cinco o seis jóvenes que hablaban a voces; aquella pareja de novios que pelaba la pava mientras que, más por el volumen de la música que por el enamoramiento, se decían cosas al oído; dos chicas taciturnas en el centro de la pista que seguían bailando, ya sin justificación alguna porque los tíos hacía rato que se habían marchado, unos bostezando, otros dando tumbos; tres ancianos que no se sabía qué coño hacían allí a aquellas horas de la noche, cabizbajos, mientras hablaban casi con monosílabos y muy reposadamente, uno de ellos con boina, otro con un cigarrillo en la comisura de los labios y junto a ellos, también sentado, Basilio.

Sonaba la música de Bowie.

Muy pocos en el pueblo sabían quién era el tal Bowie y a casi nadie le importaba una mierda quién fuese el tío ese.

El disc jockey, dos horas antes, había dejado de estar decepcionado por la falta de estima y la poca comprensión de su trabajo. Ya tan solo quería terminar y volver a Córdoba.

Llegó entonces el deportivo de color rojo y se detuvo. Se detuvo en el arcén, al otro lado de la carretera, a unos metros enfrente del recinto ferial aunque, no obstante, y pese a lo cual, su conductor, de cuando en cuando, pisaba el acelerador, con aquél sonido tan atronador como innecesario porque el hijoputa había dejado el deportivo en punto muerto. Sin duda pisaba el acelerador para intentar decir algo. Aquél gilipollas, de melena rubia, larga, desenvuelta y con las gafas de sol en la cabeza a modo de felpa, envolvió algo con las manos, lo encendió y comenzó a fumarlo, sin mirar a la pérgola, con un desinterés que resultaba insultante.

Ella se bajó del coche, cruzó la carretera, se dirigió a la pista de baile, se descalzó los zapatos rojos de tacón alto y comenzó a bailar, girando sobre sí misma, en el centro de la pérgola, con sus brazos en alto, moviéndolos acompasadamente y alzando las faldas de su falda, también roja, dejando a la vista sus hermosas piernas con bronceado de tonalidad Costa Azul.

El disc jockey subió el volumen de la música hasta un nivel que estaba un poco por encima de lo que era aceptable a aquellas horas de la noche. Sin duda, lo hizo estimulado no tanto por la intención de contrarrestar el sonido del motor del deportivo rojo como por apoyar el baile de la rubia de vestido rojo y de tirantes, de falda corta, prácticamente transparente cuando bailaba delante de los focos de aquél recinto.

Pocos pudieron ver el espectáculo del baile seductor de aquella tía buena, maciza, desenfadada y frívola, porque a aquellas horas de la noche ya se habían ido a dormir.

Aún durante algún tiempo después se debatió si, como decían algunos de los que se encontraban allí, se había podido apreciar que la anglosajona del vestido rojo, de gasa y translúcido, aquella tía tan buena, llevaba o no bragas. En particular, Basilio, durante algunas semanas, probablemente con el propósito de hacerse escuchar, sostuvo que no solamente no llevaba bragas sino que, además, tenía el coño depilado, de forma que lo que se translucía por debajo de la falda y por encima de las piernas era algo parecido al chocho de una muñeca.

Aquello no parecía muy creíble porque no se conocía a hembra alguna que fuese tan guarra como para hacer eso. Aún no había llegado el siglo XXI y las mujeres todavía tenían cierto sentido del pudor. Incluso las anglosajonas tenían cierto sentido del pudor. También las putas. A qué mujer, en su sano juicio, se le iba a ocurrir depilarse el coño y dejárselo como el chocho de una muñeca?

La tía esa, un poco calientapollas al decir de Basilio, se marchó tal y como había venido. Volvió al coche con su maromo y éste sin prestarle la más mínima atención ni a ella, ni a la pérgola, ni a los ancianos, ni a los borrachos, ni a nadie, ni a nada, lanzó al aire la colilla de la cosa que había fumado; puso una mano sobre el volante del deportivo y arrancó, acelerando como si huyese del mismísimo diablo, adentrándose de nuevo en la oscuridad de la noche.

Aquella historia no daba para mucho pero Basilio le sacó el partido que pudo hasta aburrir a todo el mundo contando reiteradamente, durante más tiempo del razonable, tanto a los pocos que querían oírle como a los muchos que no, el relato ese, tan poco creíble, de la anglosajona del coño depilado.

https://youtu.be/GYEOlxcirX0

LA MADRE TERESA

Por alguna razón, Charo había decidido dedicarse a eso que llaman el periodismo de investigación y lo cierto es que con la cosa investigatoria era muy rigurosa.

Los que la conocíamos comenzábamos a temerla. No te podías tomar un café con ella sin que te soltase un rollo sobre cualquier cosa deprimente como, por ejemplo, lo mal que lo pasaban los desvalidos de Somalia, allí en el cuerno de África o la masacre de las focas bebé del Ártico o de la Península del Labrador.

Ahora, a Charo le había dado por investigar sobre la madre Teresa de Calcuta, aquél cacahuete arrugado, aquella vieja repugnante y malvada y fue así como al descubrir la verdadera verdad sobre aquella anciana, decidió que iría a por todas.

Si los millares de moribundos de Calcuta o de cualquier otro lugar de aquél horrible subcontinente tenían que morir como despojos humanos mientras los turistas nos hacíamos fotos ante el Taj Mahal, al menos merecían que se supiese que aquella hija de puta, bendecida por el santo padre, el Botija, ese mamón viajero, que si no había más remedio se montaba en aquél hotel de cinco estrellas, el Boeing 747 y se dejaba llevar, era una enferma mental muy peligrosa.

Aquél encubridor de pederastas la había puesto en el camino de la santidad y aquello no tenía ya remedio. Pero a Charo le gustaban todas las cagadas de la Santa Sede. Cuanto más escandalosas mejor, porque así, en apenas cuatro o cinco siglos acabaríamos con el Vaticano.

Aquella señora de Macedonia, al decir de unos, india pero no hindú según decían otros o albanesa como decíamos los demás, no amaba a los pobres.

Era tan solo que le encantaba la pobreza. Era escandaloso oírla decir que no había nada más bonito que ver a un pobre morir sonriendo. Disfrutaba despachando a los pobres hacia la ruta celestial después de verlos agonizar entre estertores y con un dolor evitable, mientras ella los animaba diciéndoles sonríe, sonríe, que ya te vas pal Cielo.

Nadie le había pedido explicaciones sobre el hecho de que mientras remataba a los moribundos que hacinaba en aquél estercolero, inyectándoles vete a saber qué cosa con aquellas agujas infectadas, ella, por un simple resfriado, viajaba con un billete de primera clase de American Airlines a un hospital de lujo en California.

Por dinero que no fuese porque con todos aquellos millones de dólares que guardaba en algún sitio y que tras su muerte nunca se encontraron; con toda aquella pasta, en gran parte recibida de aquellos dictadores, tiranos y empresarios corruptos con los que tanto le gustaba fotografiarse, bien podía permitirse el billete de primera clase y la estancia en el hospital californiano.

A Charo le parecía que aquella mujer estaba un poco soná.

Nadie entendía por qué aquella individua, mitad monja psíquicamente trastornada de gravedad y mitad cacahuete arrugado, al arrodillarse todas las noches para hablar con su Cristo Redentor desataba hacia él su rencor y su soberbia, exigiéndole una explicación sobre el hecho de que siguiese sin amarla, para desgracia de los moribundos de aquél estercolero, quienes siempre pagaban las consecuencias de su frustrada y permanente necesidad de sentirse amada por el hijo del Padre.

Todas las noches se había arrodillado y en su pose cacahueta le preguntaba a su Señor Jesucristo Redentor qué más tengo que hacer para que me ames, cagon'la puta. Mañana te voy a mandar otro Regimiento de almas de humildes; de pobres, miserables y apestosas almas y tú ahí, hala, como quien oye llover; sin darme tu amor..

A Charo se le ocurría pensar que aquella vieja, a su modo, era víctima de un amor malsano, pero mucho más peligroso (letal, por mejor decir) y diferente del de aquella otra monja calentorra, su tocaya, aquella otra Teresa que no salía de sus sueños calientes y húmedos y suspiraba imaginando que era penetrada hasta el fondo por el amor a Jesús. Según ella misma contaba, era tanta la satisfacción con aquella penetración de amor nocturno que por las mañanas se levantaba como nueva.

A la avulense parecía no bastarle con hacerse lo que en los últimos setecientos siglos habían venido haciendo las hembras cuando les faltaba el macho que las debía cubrir. Ella tenía que ponerlo por escrito y, además, se las había arreglado para convertir en poesía a aquél clítoris que solo lavaba el Jueves Santo de cada año, la muy cerda.

El problema era que mientras que de Teresa de Ávila ya tan solo se ocupaban los eruditos y a los demás nos importaban una mierda sus calenturas y sus moradas, el rollo con esta otra vieja iba de otro palo.

Ni en el subcontinente asiático ni tampoco en Occidente se quería saber nada malo de esta otra monja. El pueblo necesitaba a los mitos y era fácil (e incluso conveniente, llegado el caso el caso), cerrar los ojos y taparse los oídos cuando se les ponían por delante las pruebas de su maldad. Todavía no se planteaba ni tan siquiera la duda sobre su santidad; mucho menos, por tanto, las certezas sobre su mente impúdica y patológica.

A aquella chusma o bien a la ONU les daba igual aquella vieja o, lo que era peor y más probable, sentían adoración por ella. Estaban a años luz de los incrédulos o de los creyentes con estudios, con un coeficiente que superase sobradamente el border line.

Charo se descojonaba un poco cuando a los católicos de aquél profundo Sur o de aquél profundo Norte o del no menos profundo Centro de aquél deprimente país, que era la India, les preguntaba eso de pero tú de verdad crees en Dios y ellos le contestaban diciendo aquella cosa tan graciosa de mira, yo no sé si Dios existe o no, pero prefiero creer que sí; me siento más a gusto pensando que sí.

Era evidente que ellos no querían saber. Pero iban a saberlo. Quizás no hoy, ni mañana, ni el año que viene, pero acabarían por saberlo. Ella, por sí sola no podría abrirle los ojos ni conseguir que la oyesen primero y la escuchasen después. Se necesitaría a otros muchos y un trabajo arduo y dilatado en el tiempo. O tal vez no sería posible? La desanimaba un poco el hecho de que transcurridos los siglos la gente no quisiera admitir ni tan siquiera el hecho palpable de la ninfomanía masturbatoria y católica de Teresa de Ávila.

Pero había que intentarlo.

Aparentemente, Charo era como una ONG con piernas. A ella, la muy ingenua parecía que le importaba creer que podía ayudar abriendo la mente de sus congéneres.

Charo parecía pensar que había que desmontar los mitos sobre lo que verdaderamente son la caridad y el amor al prójimo, para alcanzar un verdadero entendimiento de lo que debería ser y de lo que en realidad es.

Ella parecía aspirar a convencer a aquella gente tozuda, de rebuzno fácil, de que no es preciso amar a ningún Cristo Redentor ni ostias para sacrificarte por los demás e incluso para dar la vida por ellos, llegado el caso. Todos los días estaba ocurriendo esa cosa tan fenomenosa. Todos los días, en uno u otro lugar del mundo algún ateo moría o se dejaba matar por los demás sin importarle una mierda aquél Dios quien al tiempo que era uno, también se las arreglaba para ser trino, el mamón.

Sin embargo, Charo, que era una profesional de la investigación y no una testiga de Jehová ni nada de eso, no pensaba mover ni un dedo para sacar a aquella gente de la sandez que con cierto grado de probabilidad (si Erasmus no lo remediaba), condenaría al populachismo ese a su hijos e incluso a los hijos de sus hijos.

A Charo le traían al fresco los Dioses, los Papas, los curas pederastas, la madre Teresa de Calcuta o la otra madre que no era de Calcuta, También le traían al pairo los problemas de Oriente y de Occidente; las bondades y maldades de la democracia, las focas bebé, los partidos políticos de uno u otro signo y todo aquello que no guardase relación con lo que verdaderamente constituía su asunto investigatorio.

Y Charo comenzó a preguntarse si no había emprendido una empresa imposible.

EL POLVO

"No es lo mismo", dijiste. "Por qué le das importancia a una cosa que no la tiene?" "Era nuestro acuerdo. Cuando tú te tiraste a la abogada en tu casa, dije yo algo?"

Claro que no es lo mismo. La abogada se presentó en casa e hice lo que ella quería.

Por teléfono te pusiste de acuerdo con él en veros en Rabanales, en el lugar en el que habíais follado durante años. Quizás os tomasteis un café antes de entrar en el cubículo de vuestros polvos. Una vez allí, os besasteis y os mordisteis para iros entonando.

Fue en el cuarto de baño de hombres o en el de mujeres? Sé que fue en el de siempre, aunque nunca te pregunté cuál es el de siempre. El de siempre era el de mujeres. Seguro.

Os mirabais a la cara en clase y tú o él hacíais un guiño y ya estaba todo claro. Salíais la una detrás del otro y follabais.

Te acarició las tetas mientras tú le tanteabas el nabo? Te bajó o te bajaste el pantalón y llegó a tus bragas mientras se sacaba la polla?. Las bragas te las bajó él o te las bajaste tú? Te folló (no sé en qué postura y nunca lo sabré) mientras tú gemías de placer. Te sentaste sobre él en la tapa del wáter? Finalmente se corrió en tu boca, o dejó su asqueroso semen en los azulejos o en el suelo? Te la metió de espaldas, tú con las manos apoyadas en la pared?

Entró en el cuarto de baño alguna chica mientras copulabais como animales? Supisteis guardar silencio entonces o, por el contrario, la polla de ese hijoputa hizo que siguieses gimiendo como una mujer cerda?

Y salisteis del cuarto de baño prometiéndoos que os volveríais a ver otro día, en un hotel, para seguir con vuestros polvos esporádicos.

Me lo contaste sin darle ninguna importancia, por eso de que nuestra relación es abierta.

Me lo contaste una tarde, nos reímos y yo no le di mayor importancia.
Sin embargo, en la misma noche de aquél día, me desperté y me pregunté: Es esto una pesadilla? Es verdad que se ha follado a otro en la Facultad esa?

A lo que hiciste no se le debería dar ninguna importancia porque ya se sabe; al fin y al cabo se trata de él, el biólogo que te llama desde la cabina de teléfono quien, como es sabido, es tu amigo de la Universidad y te folla muy bien. “No te preocupes”, dijiste. “El hombre que verdaderamente me interesa eres tú; tienes una voz que me pone y, además, eres el puto gilipollas interesante” En fin, “ya sabes que, por otro lado, me vuelve loca eso de follar con quien me haga tilín y se me ponga a tiro”. “Aunque, como tú, tenga más de treinta años que yo”

Por más vueltas que le doy, no consigo asumirlo.

En mi casa y en el colegio Cervantes me dijeron, sin decírmelo, que “bueno, con los hombres ya se sabe…”.

No me previnieron con respecto a las tías (incluyendo las putas esposas conyugales), ni tampoco de que llegarían los 80 y los 90 y que las jovencitas, después de tomar unos chupitos, follaríais detrás de una caseta de feria, sin saber exactamente quién os la estaba metiendo. Las jovencitas, con exclusión de las que pertenecen a otra jodida clase social.

Me refiero a las jovencitas realmente interesantes; a las zorrillas, diría otro. A las mujeres sin prejuicios, alegres, hermosas y folladoras como tú. A las mujeres que verdaderamente merecen ser folladas. A las mujeres que no van a misa de Una a Cristo Rey.

Malditos sean mis celos. Ojalá fuese sueco. Lo tendría más fácil.

Bueno, después de esta digresión, queda confirmado que nos vemos el sábado a las 2 de la tarde en el sitio de siempre? Sí?

BRUNO

Aquella tarde, como venía ocurriendo desde algunas semanas después de comprarlo en Pryca, Hans sacó a Bruno a su tercer paseo del día. No le apetecía un carajo hacerlo pero Bruno, tan mal acostumbrado a pedir y a hacer lo que le saliese de sus güevos, tan próximos a que se los cortasen, estuvo dando el coñazo, como siempre, durante una hora. Primero, gimiendo; después aullando como un lobo y luego, una vez más, hablando.

Bruno hablaba cada vez más; siempre decía las mismas cosas pero cada vez de forma más reiterativa. Aunque Hans era incapaz de entender sus palabras, sí sabía situarlas en su contexto y por eso le resultaba fácilmente deducible lo que aquél perro cabrón y egoísta quería decir.

Aunque, en realidad, Bruno no era más cabrón y egoísta de lo que Hans esperaba. Mientras pagaba la factura por la compra de Bruno y Bruno lo miraba con expresión de recelo, Hans tuvo la sensación de que lo que estaba comprando era algo más que un perro. No se puede decir que la situación fuese la misma a la que ya había vivido en ocasiones anteriores pero sí que en algo se le parecía.

Salieron a la calle. Aún era invierno y Hans disfrutaba de la noche cerrada a las siete de la tarde. Quedaban pocas semanas para que llegase el horror de los carnavales de Cádiz y de sus ordinarios prolegómenos; de los Cristos muertos y de los acompañantes de los Cristos muertos vestidos con ropas que también apestaban a muerte; de las Vírgenes llorosas fecundadas por misteriosos palomos.

Pero, sobre todo, quedaban pocas semanas para que llegase el calor. Hans no podía con el calor. No le importaba sudar; era algo incómodo para él pero a las mujeres les gustaba el perfume a rosas del sudor de Hans. Hans las comprendía porque no en vano él descendía de la nobleza y, quiérase o no, tal circunstancia no resultaba irrelevante.

Hans tenía obsesión con el olor a cebolla que desprendían las mujeres que viajaban en los autobuses de la empresa municipal de transportes. Se le había jurado una y mil veces que no debía preocuparse por eso; que los autobuses ya no eran como en los años 60 del siglo pasado. Ahora contaban con aire acondicionado y eso. Aún así, Hans no se fiaba. Con doce años de edad se había montado en un autobús y aún recordaba cómo del vello del sobaco de una pasajera, asida a la barra metálica, le caían en la frente las gotas de cebolla triturada.

Pero aún era invierno y Hans, también Bruno, debían aprovecharse de ello. Luego, con el puto calor, ya verían cómo se las arreglaban.

Enfilaron el Vial Norte camino de la Estación y entonces apareció el mamón. Ya a cincuenta metros de ellos, el cabronazo comenzó a agitar los brazos de forma espasmódica, a modo de saludo, con la intención evidente de demostrarle a Hans que su diagnóstico de bipolaridad emitido por los médicos del SAS no iba de coña.

Inmediatamente después, se tiró al suelo boca arriba, comenzó a patalear como un bebé y entretanto él llamaba a voz en grito a Bruno, Hans, en su fuero interno, se cagó en su puta madre.

EL ATLÁNTICO

Aquél verano, Hans volvió por tercer año consecutivo al Registro de la Propiedad nº 1 a hacer inscripciones. De 9 a 2 y de 5 a 8.

Según creía recordar muchos años después, fue en aquél verano cuando hizo la primera inscripción registral de medio barrio de la Fuensanta. "División" se llamaba la "inmatriculación" de todas y cada una de las viviendas que registraba, provenientes de la "Declaración de Obra Nueva y Constitución en Régimen de Propiedad Horizontal", que así se denominaba la cosa que se hacía en la finca matriz de cada edificio, la mamá de todos aquellos engendros jurídicos.

Había sido así cómo en el verano anterior había conseguido comprar la Sherpa 3 y ½ y en el verano anterior al anterior un equipo de música con el que poder oír decentemente " Blonde on Blonde", la obra maestra de Bob Dylan y junto a "Sgt. Peppers" y " Let it Bleed", lo mejor de lo mejor de la música pop que jamás se escribiría.

En su deseo de agradar al padre de Hans, Don Manuel Moreno, el Registrador, aquél hombre con pistola sobre la mesa de su despacho, a fin de demostrar quién mandaba allí y próximo a la setentena, que sujetaba con tirantes los pantalones de sus elegantes trajes grises hechos a medida; intimidante, alocado, y culto; genial y puro nervio, le había abierto las puertas del Registro, situado en la 2ª planta del edificio en la Avenida del Generalísimo, contiguo a la Caja Provincial de Ahorros.

Don Manuel vivía en "La Barrosa", en Chiclana, y se desplazaba en tren a Córdoba porque no tenía carnet de conducir. Hans conocía dos versiones sobre la razón de tal hecho, singular en alguna medida: al decir de algunos de entre la veintena de empleados de ambos Registros, la Guardia Civil de Tráfico lo había dado por imposible y había decidido retirárselo, para siempre, hacía muchos años mientras que, al decir de otros, había sido su propia familia quien lo había confiscado con la severa advertencia de su mujer de que si decidía obtener un duplicado se las tendría que ver con ella. Era una cuestión que afectaba a la inseguridad pública el que Don Manuel condujera un automóvil.

El caso es que Hans tenía ya 20 años y no había salido aún al extranjero. A la ilusión de hacerlo le superaba la vergüenza de no haberlo hecho. Llegado a Córdoba con siete años, de seguir así, se acabaría convirtiendo pura y simplemente en un paleto. Hans le tenía aprecio a un gran número de paletos; se reía con las cosas que decían y, además, muchos sabían decirlas de forma tan irritantemente graciosa que hacían que Hans se sintiese vivo. Le gustaban los paletos pero no tanto como para desear convertirse en uno de ellos.

Decidió que ese año dejaría el Registro en los primeros días de Septiembre y con las cincuenta mil pesetas que habría ahorrado atravesaría el Atlántico. Preferentemente, el Atlántico Norte aunque tampoco le hacía ascos al Atlántico Sur que lo llevaría a tierras aún más lejanas.

Qué pretendía Hans con su propósito de cruzar el Atlántico? Nada. Tan solo el poder decirse a sí mismo y, desde luego, también a los demás, que él sí que había atravesado el Atlántico. Después volvería a su piso de estudiante en Sevilla para hacer el 5º y último año de carrera. Allí tendría todo un curso académico para explicarles a Manolo, a Alberto, a Ignacio y al Casana que él había viajado allende los mares a miles de kilómetros de distancia, para alcanzar una tierra donde la vegetación, el olor, el sabor, la luz, la gente y, con un poco de suerte, también el idioma eran distintos. Ni mejor ni peor que aquí; tan solo distintos. Él lo habría hecho y ellos no.

Aunque en realidad a Hans no le interesaban mucho las singularidades del lugar en que aterrizaría el avión con el que iba a atravesar el océano. Sería tan solo cuestión de buscar alguna distracción con la que pasar el tiempo durante los diez o quince días que permanecería allí y después, ya de vuelta, atravesaría el Atlántico por segunda vez.

Se dirigió a la oficina del S. E. U. y preguntó por algún viaje que le llevase a algún país de América, daba igual a cuál de ellos.

Hans estaba de suerte. En cinco días podría viajar a Méjico por el módico precio de cuarenta y seis mil pesetas. El vuelo haría una escala técnica en Montreal (mucho mejor que en Miami) y en la vertical del río San Lorenzo a treinta o treinta y tres mil pies de altura, entraría en Estados Unidos por Pennsylvania, atravesaría el país de norte a sur para salir al golfo de Méjico por Luisiana y en aquella noche de casi veinte horas, con dos o tres cenas y otros tantos desayunos acabaría por aterrizar, aún de noche, en el aeropuerto Benito Juárez , en el Distrito Federal, para alojarse en una residencia de estudiantes en la Avenida Insurgentes (Sur), de algo menos de treinta kilómetros de longitud.

Absorto en la contemplación de los minúsculos destellos de luz de los mercantes que diez kilómetros más abajo surcaban el océano en aquella noche de verano y de luna llena, no se le ocurrió pensar que apenas a 300 Kms. de aquella ciudad infernal a la que se dirigía, en la que los taxistas viajaban con un revólver en bandolera, se encontraba el océano Pacífico. No cayó en la cuenta de ello ni por asomo pudo imaginar que en la orilla de aquél otro océano inmenso aguardaban, en espera de ser conquistadas, las hermosas tetas, pequeñas y suaves, de Isabel, aquella fascinante mujer, ya bastante talludita, de grandes ojos verdes y de 29 años de edad.....

THESE FOOLISH THINGS

Lo más llamativo de aquél apartamento era sin duda el salón.

Según entrabas en él, encontrabas al frente un mural de cuatro metros de longitud y más de tres de altura, que ocupaba por entero el cerramiento de carga de la vivienda. Una obra pintada al fresco por Ginés de Liébana. Se trataba de una vista de París o por mejor decir de una vista del cielo de París, de un color azul celeste aunque oscuro; de un atardecer en la ciudad de la luz contemplado desde la colina sobre la que se asienta Montmartre, tal vez desde un lugar muy próximo al Sacré Coeur, en ese distrito de París que fue cuna de la orden jesuita y del movimiento impresionista. Durante su etapa parisina el autor había guardado en su retina el color de aquél cielo y a su regreso a Córdoba lo había dejado posarse sobre aquella pared.

Nada de niños, de perros u otras mascotas que pudieran dañar aquella pintura que la dueña tanto apreciaba y que un tasador del Museo del Prado había establecido que tenía un valor estimable.

Como siempre que se separaba, Hans se había instalado previamente en un hotel del que no salió hasta que Rafael (o tal vez su hermana) lo habían llamado para decirle "venga, que ya tienes casa; vente pa la calle Góngora".

Aquello sucedió a finales de Diciembre de no recordaba qué año y se prolongó hasta comienzos del mes de Enero. Sí tenía la certeza de que había pasado la Navidad en el hotel porque un día habló con recepción para encargar la cena y después de que le dijesen que por tratarse de Nochebuena ni estaba abierta la cocina ni había servicio de habitaciones ni había nada de nada, hubo de salir de su habitación y del hotel para comprar una barra de pan y 100 gramos de mortadela en el 24 horas de la Avenida del Gran Capitán.

Durante su estancia en el hotel, Hans había querido morirse en varias ocasiones.

Una de las cosas que peor llevaba, además de su programada soledad. eran las continuas llamadas desde recepción para preguntarle si había decidido ya hasta qué fecha se iba a quedar, asunto este que, por fin, para apaciguar la curiosidad de la telefonista, había zanjado provisionalmente bajando, liquidando la cuenta de hasta entonces y prometiendo que avisaría con antelación aunque ya podía adelantarle que previsiblemente se marcharía en los días inmediatamente siguientes.

Al poco tiempo de ocuparlo, aquél apartamento se había perfumado con un olor que era mezcla de tabaco, de alcohol, de mujer y de lágrimas.

En aquella vivienda la vida se vivía principalmente de noche y se tomaba un reposo cuando apuntaban las primeras luces del alba.

Apostado contra el mural, aunque a unos centímetros de él, se situaba el piano, iluminado por la luz de un flexo y decorado con ocho o diez latas de cerveza vacías y dos o tres ceniceros atestados de colillas. En él ensayaban alguna de las partituras que Víctor había bajado de internet o que Hans guardaba en el cajón de la banqueta en la que se sentaba el intérprete.

Hans se situaba detrás de Víctor, éste sentado al piano y le iba leyendo las notas mientras que Nacho los contemplaba, una cerveza en una mano y un cigarrillo en la otra, apoyado sobre la tapa vertical de aquél instrumento.

Sin lugar a dudas, aquella había sido la etapa más triste en el discurrir de hasta entonces de la vida de Hans. Algo más de cincuenta meses de desconsuelo durante los cuales llegó a echar de menos las broncas domésticas y en los que, desde luego, añoraba diariamente las caricias a su hijo menor, ahora apartado de él, voluntariamente o no, por causa de las calumnias de aquella individua.

Hans, que hasta entonces no había llegado ni tan siquiera a intuir la satisfacción que podía proporcionarle la soledad, era comprendido por tan solo unos pocos. Y Bryan Ferry, sin lugar a dudas, era uno de ellos.

https://youtu.be/vYUpq2dTnnY

GOLDEN SLUMBERS

A las siete de la mañana se despertó y a las ocho estaba en la calle.

Era domingo y la ciudad estaba cubierta por una espesa niebla, con un cielo de color gris intenso, superpuesto a la niebla esa.

Aquél distrito, en una hora tan temprana de domingo, estaba desierto.

Encontró a una anciana, se aproximó a ella y le preguntó por la dirección. Esta balbuceó y le contestó en un inglés tan cerrado que Hans no entendió una mierda.

Siguió deambulando, sin rumbo, guiado por su torpe intuición, sin un plano de la ciudad, en un propósito tan esforzado como aparentemente inútil.

Apareció una segunda anciana y la abordó al igual que a la primera.

A esta sí la entendió en términos generales, al menos como para marcar la derrota de su búsqueda.

En su caminar, al final de una calle encontró otra calle con un paso de cebra a su frente. Se detuvo, observó los árboles y se dijo no, no es aquí. Los árboles no tenían hojas o, al menos así los recordaba él. Ni una puta hoja. Aquél lugar no se parecía ni de coña al de la fotografía.

Hans se preguntó entonces si no se había vuelto gilipollas. Era Diciembre y no había caído en la cuenta de que algunos árboles se quedaban pelaos en invierno. Árboles de hoja caduca, se les llamaba. Aquello podía ser determinante de un cambio sustancial en el aspecto de la calle y, aquella calle tenía el aspecto de un bosque de árboles muertos. Lo cierto es que aquella fotografía, por la que Hans se guiaba, había sido tomada a mediados mes de Agosto del año 1969.

Cruzó el paso de cebra y de repente, mientras lo hacía, después de mirar a izquierda, a derecha y al frente, se le aceleró el corazón.

Era allí. Allí habían grabado sus últimos álbumes. Allí se habían enfrentado por culpa de esa japonesa, aquella enferma mental. Allí se había confirmado la disolución del grupo. Allí había acabado todo, después del concierto en la terraza de Savile Row.

Mientras acariciaba la placa que indicaba el nombre de la calle y se aferraba a la verja de aquél edificio, Hans sintió una profunda nostalgia.

Ya podía volver a Córdoba. Allí seguiría bregando con esa caterva de mamones hijos de puta que tanto le querían.

ABBEY ROAD N
© BloomsburyAuctions/BNPS

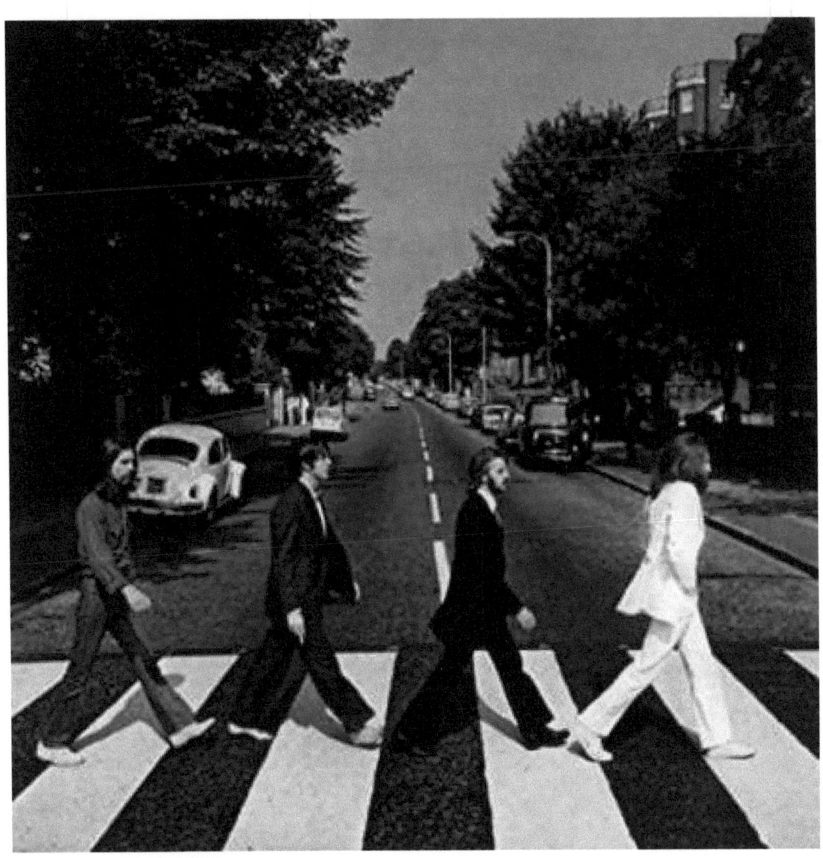

https://youtu.be/PjKtfvKJSuk

Printed by Books on Demand GmbH, Norderstedt / Germany